サッカーの見方が180度変わる

データ進化論

河治良幸

はじめに――データ観戦のすすめ

「サッカーの見方が180度変わる」なんて大げさなタイトルだと、手に取って感じる方もいるかもしれない。

筆者が本書を著したのには大きく2つの理由がある。1つはサッカーが印象論で語られがちであること。もう1つはデータが曖昧に、時に間違って利用されるため、実際の試合を理解するツールとして活用できていないことだ。

世界各国で親しまれているサッカーは自由度の高いスポーツだ。手を使わなければ何でもありで、チームの戦い方も様々。ボールは1つだけれど、両チーム合わせて22人の選手が監督の意向をくみながらも、それぞれの判断で同時にプレーしている。選手たちの行動はすべて、善かれ悪しかれ勝ち負けと結びついているが、試合の見え方は人それぞれ。100人いれば100通りの見方があるから、試合後の議論も盛り上がるわけだ。

しかし、人間誰しも応援しているチームがあれば、知らないうちに片方のチームに肩入れした見方をしてしまうものだ。読者のみなさんも冷静になった後に録画した映像を見直した時、生観戦とはまったく別の感想を抱いた経験があるのではないか。こんな「データ本」を執筆する筆者にしても、それはまったく同じだ。

　そうした印象論を打破する手がかりになるのが、客観的な数値であるデータだ。筆者には職業柄、試合のハーフタイムや終了後にシュートやボール支配率などの公式スタッツ（統計値）が表示されると、漠然と感じていたイメージが明確になった経験がある。サッカーファンの間でもシュートが何本だった、何パーセントのボール支配率だった、何回のファウルを受けたといったデータを肴に、議論が盛り上がることが出てきた。

　実はサッカーはデータ化しにくいスポーツだ。フィールドの22人がそれぞれに影響し合いながら、ボールのあるところないところで駆け引きが行われる。１対１の勝負が明確な野球とは違い、あまりにも複雑な要素が絡み合っているので、個々のデータの意味や位置付けを理解しないまま摘み食いすれば、むしろ誤解を生んでしまう危険があるのだ。

　例えば、両チームがボールを保持した時間を示した「ボール支配率」というデータがある。基本的にはこの数字が高い側のチームが長くボールを持っているわけだが、実際は相手にボールを持たされているようなシチュエーションもあるし、ＤＦラインでボールを回している時間が長いだけというケースもある。仮にボール支配率が60％でも、本当に試合でペースを握っていたのかはわからない。

しかし、現状はデータを使うにしても、数字の単純比較だけでまとめた内容の記事が目につく。そうならないために大事なことは、それぞれのデータが持つ性質をしっかり理解し、別の関連データや試合中に起こったピッチ上の出来事と照らし合わせることだ。もちろんデータは試合を見られない時に、どういう内容だったのかを簡単に想像するツールにもなるわけだが、それにしても普段から試合を見ながらデータの意味を理解しておくことで、正しくデータを見ることができるようになる。

本書は、試合を読み解く有効な手がかりとしてデータを活用できるようになることを目的としている。そのために3つの章に分け、計21のテーマを設定した。まずは章分けの基準について説明したい。

第1章 基本データの活用法

トップレベルの多くの試合で公式スタッツとして公開される基本データは、シンプルに試合の結果を伝えるものではあるが、シンプルであるがゆえにそのまま選手の優劣や勝負の指標として用いるには不十分だ。だが、そこに適切な視点や別データとの比較などを入れることで、基本スタッツの有効性が高まり、試合の見方も深まってくるはずだ。

第2章 データの新機軸

サッカーの中でも印象論で語られがちだったチームや選手のスタイルや試合の主導権に対し、独自の視点を入れた新たなデータを提唱する。手集計でデータを取る場合と、既存のデータをかけ合わせて算出する場合があるが、これらが一般的に使われるようになれば、サッカーの見方がより深くなると確信する新機軸を集めた。この章を参考に是非、自分でデータを作り上げる楽しさを実感してほしい。

第3章 サッカーの常識を疑え

一般的な常識として捉えられているテーマの真相を、データを駆使して探る、言わば本書の応用編だ。サッカーを観戦する時に生じる素朴な疑問や凝り固まった常識を、データによって解き明かす。この章を読めば、データが単なる数字遊びではなく、試合と照らし合わせることで効果を発揮する指標として認識されるはずだ。

データを指標としながら実際の試合を見ることで、サッカーの視点や発想はより豊かで深いものになる。データを正しく使いこなせば、印象論ではなく明確な視点を持って、サッカーの試合を掘り下げられるのだ。

サッカーは日々、進化している。データの使い方もそれに比例して進化していくものだが、正しい取り扱いをしてこそ、最先端のサッカーを表す有効なツールとなる。本書は言わば、最新データの「取り扱い説明書」であり、データを活用した観戦スタイルを進化させていくのは、あなたたち自身なのだ。

データ進化論　もくじ

Photo: Getty Images

第1章 基本データの活用法

1-1
[パス]
PASS

最もボールが
集まるポジションはどこ？

●最多パス本数＝中心選手？

味方にボールを繋ぐ行為であるパスは、サッカーにおいて最も基本となるプレーだ。スタッツ上の実行回数も数あるプレーの中で最も多い。一口にパスと言っても、最終ラインからのビルドアップもあれば、得点を導くラストパスもある。距離もショートからロングまで様々だ。一概にパスの本数だけで選手のパフォーマンスの良し悪しは判断できないが、そのチームの中で誰が最も攻撃に絡んでいたのかは簡単に理解できる。

それでは、どのポジションの選手が最もパスを出しているのか、つまり最もボールが集まるポジションはどこなのか？

その疑問を明らかにするため、13－14シーズンのＵＥＦＡチャンピオンズリーグの予選プレーオフを戦った20チームを対象に、それぞれ2試合における選手個人のパス本数を抽出。上位を占める選手の傾向を探ってみたい。

【表】13-14 CL予選プレーオフ パス本数ランキング

順位		所属クラブ	ポジション	プレー時間	パス数	90分平均
1	チャーリー・マルグルー	セルティック	SB	180分	181	91
2	スタイン・スハールス	PSV	ボランチ	179分	179	90
3	内田篤人	シャルケ	SB	180分	171	86
4	ジャーメイン・ジョーンズ	シャルケ	ボランチ	154分	143	84
4	マルティン・ミレッチ	マリボル	SB	175分	164	84
6	アーロン・ラムジー	アーセナル	ボランチ	180分	166	83
7	アレクサンドル・ボウルチェアヌ	ステアウア	ボランチ	180分	162	81
8	マルコ・ヘーガー	シャルケ	ボランチ	167分	149	80
9	スコット・ブラウン	セルティック	ボランチ	180分	158	79
10	クリスティアン・フクス	シャルケ	SB	180分	154	77
10	ミカエル・ルスティグ	セルティック	サイドMF	157分	135	77
12	ベネディクト・ヘベデス	シャルケ	CB	180分	152	76
13	ヨシップ・シムニッチ	ディナモ・ザグレブ	CB	180分	150	75
14	ゴラン・ツビヤノビッチ	マリボル	トップ下	180分	148	74
15	ミティア・ビレル	マリボル	SB	180分	144	72
16	ジョー・レドリー	セルティック	FW	180分	142	71
16	リー・アディ	ディナモ・ザグレブ	CB	180分	142	71
16	イェトロ・ビレムス	PSV	SB	180分	142	71
16	イボ・ピント	ディナモ・ザグレブ	SB	180分	142	71
16	ヤクブ・ルゼズニチャク	レギア・ワルシャワ	SB	180分	141	71
16	ミゲル・ロペス	リヨン	SB	180分	141	71
22	パベル・ホルバート	プルゼニ	ボランチ	180分	140	70
23	ヨシップ・ピバリッチ	ディナモ・ザグレブ	SB	180分	138	69
24	ドッサ・ジュニオール	レギア・ワルシャワ	CB	180分	130	65
25	アレクサンデル・ライチェビッチ	マリボル	CB	180分	127	64
25	アレシュ・メルテリ	マリボル	ボランチ	180分	127	64
25	アンドレ・レオン	パソス・フェレイラ	ボランチ	180分	127	64
28	サンティ・カソルラ	アーセナル	トップ下	180分	126	63
28	ペア・メルテザッカー	アーセナル	CB	180分	125	63
30	ヤスミン・ラトブレビチ	ステアウア	SB	180分	124	62

◆ トップ30に占めるポジション別の割合

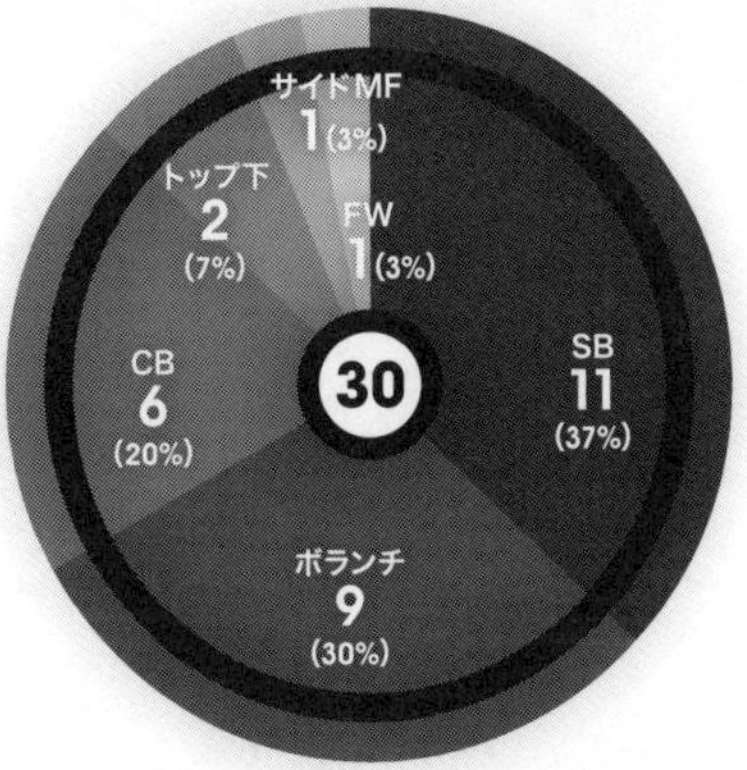

◆ チーム別ランキング

		国名	合計
1	シャルケ	ドイツ	1387
2	ディナモ・ザグレブ	クロアチア	1303
3	セルティック	スコットランド	1302
4	マリボル	スロベニア	1281
5	アーセナル	イングランド	1205
6	パソス・フェレイラ	ポルトガル	1154
7	レギア・ワルシャワ	ポーランド	1115
8	リヨン	フランス	1057
8	PSV	オランダ	1057
10	ステアウア	ルーマニア	1030
11	フェネルバフチェ	トルコ	1020
12	ゼニト	ロシア	1019
13	ミラン	イタリア	968
14	バーゼル	スイス	955
15	プルゼニ	チェコ	921
16	ルドゴレツ	ブルガリア	912
17	PAOK	ギリシャ	892
18	アウストリア・ウィーン	オーストリア	889
18	ソシエダ	スペイン	889
20	シャフテル	カザフスタン	730

◆ 予選プレーオフ結果（左が第1レグでホーム）

フェネルバフチェ	0-5 (0-3 / 0-2)	アーセナル
ディナモ・ザグレブ	3-4 (0-2 / 3-2)	アウストリア・ウィーン
ルドゴレツ	2-6 (2-4 / 0-2)	バーゼル
ステアウア	3-3※ (1-1 / 2-2)	レギア・ワルシャワ
シャルケ	4-3 (1-1 / 3-2)	PAOK
パソス・フェレイラ	3-8 (1-4 / 2-4)	ゼニト
プルゼニ	4-1 (3-1 / 1-0)	マリボル
リヨン	0-4 (0-2 / 0-2)	ソシエダ
PSV	1-4 (1-1 / 0-3)	ミラン
シャフテル	2-3 (2-0 / 0-3)	セルティック

※アウェイゴール差により勝利

POINT 1

11人 上位30人に占めるサイドバックの人数

シャルケの司令塔は内田篤人

全体の１位はセルティックの左サイドバックを務めるマルグルー、３位にはシャルケの右サイドバックの内田篤人が入った。２試合合計で全体１位となる１３８７本のパスを記録したシャルケは、内田の他にも左サイドバックのフクス、センターバックのヘベデス、ボランチのジョーンズとヘーガーの計５人がランクインしている。これはＤＦラインから幅広くパスを回すスタイルを反映した結果と言えるだろう。中でも両サイドバックはビルドアップの重要な役割を担っている。

特に右サイドの内田は前方に強力な突破力を備えるファルファンがいるため、彼の背後でバックパスの受け手になることが多かった。そこから再びファルファンに渡すか、右ボランチのヘーガーにショートパスを付ける。右攻めが強力なシャルケにあって、内田はオーバーラップして直接攻撃に加わるよりも、あえて全体が見える後方に陣取り間接的にパスワークをコントロールしていた。一方、左サイドバックのフクスは８本のクロスを放っている通り、低い位置でのビルドアップよりもオーバーラップからのクロスを得意としている。左右のサイドバックで役割に違いはあるが、いずれも高い頻度でボールに絡んでいることは共通している。

全体の傾向を見ても、上位30人のうち11人がサイドバックだったのは驚きの結果だ。ここ数年の守備戦術のトレンドは、相手のＤＦラインにプレッシャーをかけるのではなく、低い位置で守備ブロックを作ることを優先する。そのためサイドバックは自陣ではフリーになることが多く、組み立ての起点としての役割が強く求められるようになってきた。今回の統計データでも、サイドバックにボールが集まる傾向がはっきり出ていた。

ディナモ・ザグレブの右サイドバック、イボ・ピントは16位となる90分平均71本のパスを出し、クロスはトップの10本を記録。ビルドアップでもチャンスメイクでもチームの中心を担っていたことがわかる。サイドバックはポジションのカテゴリーはＤＦだが、今や攻撃の陰のキーマンと言っていいだろう。

サイドバックに次いで多かったのがボランチで、９人が名を連ねた。フィールドの中央に位置するＭＦはボールを経由しやすいポジションであり、３列目のボランチは２列目の攻撃的ＭＦに比べて敵のプレッシャーも緩い。パス本数が増えるのは必然の結果と言える。90本で２位にランクインしたオランダ代表ＭＦのスハールスは、コクー監督がＰＳＶに導入したバルセロナ型の４ー３ー３で中盤の底を任される選手。バルセロナのブスケッツ、ユベントスのピルロのように、この位置にプレーメイカーを置くチームも増えてきた。

６位のラムジー（アーセナル）は２ボランチの一角として繋ぎのパスを展開しながら、高い位置まで顔を出して崩しの局面にも絡むことで、パスサッカーを採用するアーセナルにおいて中心的役割を果たしていた。一方で、22位のホルバート（プルゼニ）はボランチでありながら、組み立てからフィニッシュまで攻撃の中心として本戦出場に大きく貢献。元ヴィッセル神戸のベテランＭＦは２試合で１４０本のパスを出し、予選全体で３ゴール４アシストを記録した。

守備の要であるセンターバックも６人がランクイン。サイドバック同様にＤＦラインへのプレッシャーが緩くなっている恩恵を受け、多くのチームでビルドアップの起点となっている。ちなみに、センターバックで最も多くのパスを記録したのは、シャルケのヘベデスの76本だった。

特筆すべきは、ディナモ・ザグレブのセンターバックコンビだ。シムニッチが13位、相棒のアディが16位とそろって上位のパス本数を記録。20チーム中で2位となる１３０３本のパスを記録したディナモ・ザグレブは、左右のセンターバックがショートパスで相手の守備を揺さぶりながら、右サイドバックのイボ・ピントに展開するスタイルを採っていた。

サイドバック、ボランチ、センターバックのパス本数の多さは、現代サッカーにおける後方からのビルドアップの重要性を証明している。守るだけのＤＦは、もはや時代遅れなのだ。

POINT 2

77本

ルスティグ（セルティック）の90分平均パス本数

● 攻撃的なポジションで増えるケースは？

攻撃的なポジションになればなるほど、相手からのプレッシャーは厳しくなる。また、敵陣深い位置でボールを持った時は、パス以外にもドリブルやシュートといった別の選択肢が発生する。

上位30人の中でＦＷや攻撃的ＭＦの数が少ないのは、こうした理由からだろう。しかし、例外的に上位に食い込んだ選手もいる。

トップ下のポジションながら14位にランクインしたのが、マリボルのツビヤノビッチだ。チームは全体の４位となる２試合で１２８１本のパスを記録しているが、すぐ下の15位に入ったサイドバックのビレル、25位のセンターバックのライチェビッチ、ボランチのメルテリより多くのパスを出した。

マリボルは縦に速い攻撃を主体とするチームで、マイボールになったら敵陣をワイドに動くツビヤノビッチに素早くパスを出すことで、有効な仕掛けに繋げた。実際、ツビヤノビッチはトップ下でありながら４本のクロスを記録し、予選２回戦では自ら１得点を挙げている。カウンター時の運び役兼クロサー兼フィニッシャーというマルチロールぶり。チーム内で複数の役割を与えられている器用な選手は、攻撃的ポジションであってもボールタッチが増えやすいということだろう。

同じトップ下では、アーセナルのカソルラが28位にランクイン。彼の場合はボランチの選手と組み立ての役割を分担してこなし、時に深い位置まで引いてボールを持つこともあるため、チーム内でボランチのラムジーに次ぐパス本数となった。アーセナルが挙げた5得点にゴールあるいはアシストという形で直接は絡んでいないが、味方からボールを引き出しながら、あらゆるチャンスの起点となる彼の働きなしに、難敵フェネルバフチェ相手の大勝はあり得なかった。

トップ下よりもさらにマークが厳しくなるのが、最前線に陣取るセンターフォワードやウイング。その意味でセルティックのＦＷレドリーが16位、サイドハーフのルスティグが10位にランクインしたことは特筆に値する。

セルティックは全体3位となる１３０２本のパスを記録した。２人のパス本数が多いのはその影響もあるが、チーム内のボランチやセンターバックの選手を上回っているのは注目点だ。これはセルティックが前線のポストプレーを多用したこと、右サイドバックが守備専従で、その前方にいるルスティグが組み立ててからクロスまでを一人で担っていたことが大きい。

12-13シーズンのチャンピオンズリーグでは、徹底した堅守速攻でベスト16に進出したセルティックだが、このプレーオフでは戦力の落ちるカザフスタンのシャフテルを相手にボールを支配し、パス本数も多くなっていた。しかしながら、ポゼッションサッカーの王道である中盤で細かくパスを繋いで崩すのではなく、早めに前線のターゲットマンにボールを当てるサッカースタイルに変化はない。そのセカンドボールを出足良く拾い、サイドに展開してクロスというのが基本的な攻撃パターンだ。そのキーマンがＦＷのレドリーであり、右サイドハーフのルスティグだった。

ゾーンディフェンスで組織的な守備ブロックを作る現代サッカーでは、ゾーンの網の外側、つまりＤＦラインの選手のパス本数が増える傾向にある。しかし、攻撃的なポジションの選手に関しても複数の役割を任されているマルチロール、カソルラのようなパサー色の強いトップ下、あるいはチーム戦術自体がＦＷやウイング、サイドハーフにボールが集まるように組み立てられていれば、前線の選手が最多パスを記録することもある。

結論

- 最もボールが集まるポジションはサイドバック
- ２番目はボランチ、３番目はセンターバック
- マルチロールな選手はボールタッチが増えやすい

1-2
[パス成功率]
PASSES COMPLETION

パス成功率は
“単体”で見てはいけない

●「高いパス成功率＝有利」ではない

パス成功率は評価が難しいデータだ。選手個々の技術レベルや、チームとしてパスを繋ぐメカニズムがあるかどうかを判断する指標にはなる。しかし、パスが繋がるかどうかは相手ありきの部分もあり、敵の実力やサッカースタイルを考慮して相対的に見る必要がある。

パス成功率が高い方が必ずしも有利と言うわけでもない。例えばボールポゼッションを基調とするバルセロナと堅守速攻のドルトムントでは、自分たちのスタイルを機能させるために求められる目標値が異なる。中盤とＤＦラインで確実にボールを繋ぎながら仕掛けのチャンスをうかがうバルセロナと、ボールを奪ったら無駄を省いて縦に速くアタッキングサードを突くドルトムントを同じ土俵で比較するのは、まったくのナンセンスだ。

パス成功率をどう料理すべきか――それを探るために、12－13シーズンのＵＥＦＡチャンピオンズリーグにおけるマンチェスター・ユナイテッドを例に検証する。香川真司が加入したこの年のユナイテッドはＨ組を首位で突破したが、ラウンド16でレアル・マドリーに２試合合計スコア２－３で敗れている。第２レグで退場者が出るまでは守りを固めて逃げ切るというファーガソン監督のシナリオ通りの展開だったが、攻撃面の見どころはほとんどなし。パスミスも通常より目立った。果たして、ユナイテッドのゲームプランはどう評価すべきなのか。この試合を題材に、パス成功率の利用法を考えてみたい。

POINT 1

-13%

ラウンド16で下降したマンチェスターUのパス成功率

●取り扱い困難なデータは、まず平均値を出せ

パス成功率の見方として提案したいのが、平均値との比較だ。サッカーのデータは絶対評価と相対評価の組み合わせで見なければならない。ボール支配率は50%という明確な絶対評価の基準があるが、パス成功率にはそれがないので評価が難しいのだ。ある程度まとまった試合数のサンプルから平均値を出し、その値と比較することで、初めてチームのパフォーマンスを客観的に判断できるようになる。

【表】レアル・マドリー vs マンチェスターUのパス成功率

12-13 CHAMPIONS LEAGUE Round of 16
2013.2.13 / Santiago Bernabéu - Madrid　2013.3.5 / Old Trafford - Manchester

REAL MADRID (ESP) **3-2** (1-1 / 2-1) **MANCHESTER UTD.** (ENG)

1st Leg

レアル・マドリー		マンチェスターU
28(14)	シュート(枠内)	13(9)
14	ファウル	12
12	CK	8
0	オフサイド	3
55%	ボール支配率	45%

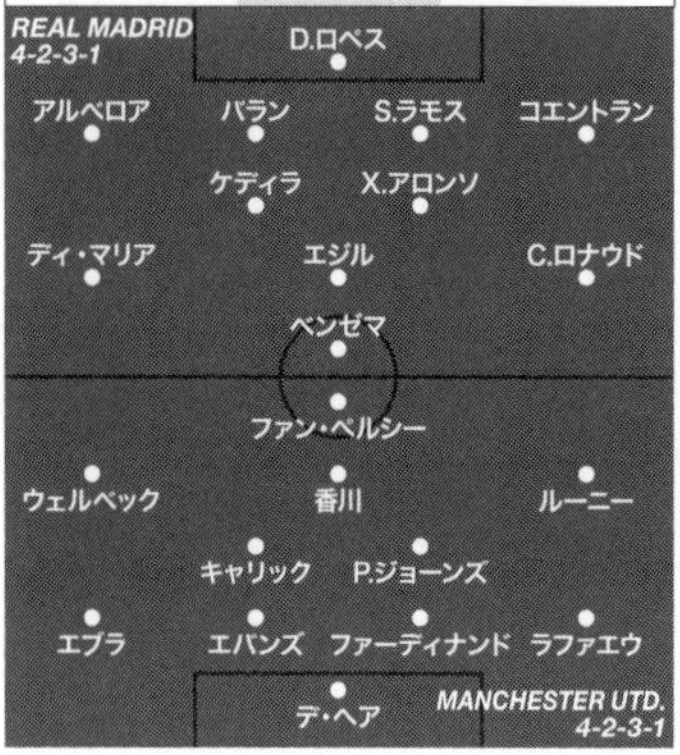

2nd Leg

マンチェスターU		レアル・マドリー
18(12)	シュート(枠内)	21(16)
7	ファウル	12
9	CK	12
4	オフサイド	1
38%	ボール支配率	62%

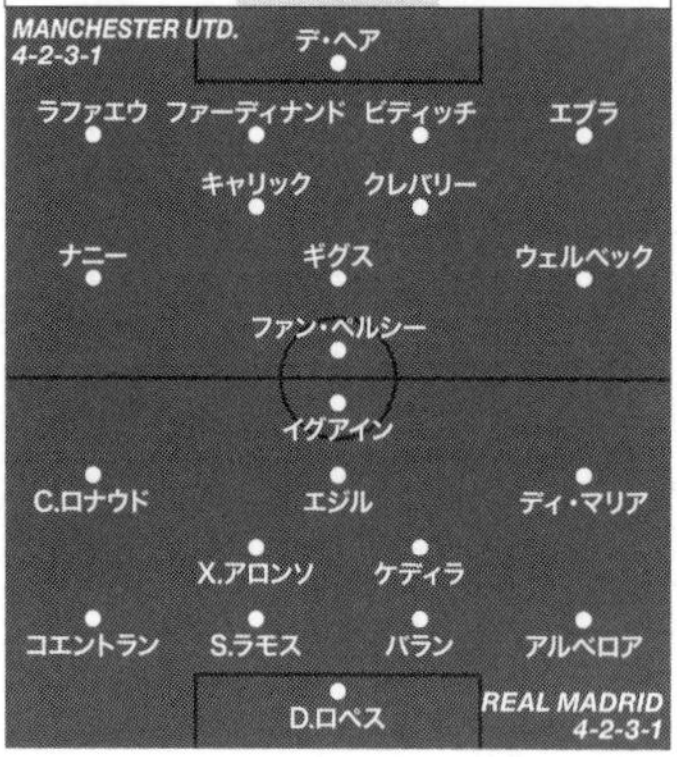

◆ 8試合全体とラウンド16のパス成功率

マンチェスターU	
GSを含む8試合平均	ラウンド16平均
73%	60%
第1レグ	第2レグ
62%	58%

レアル・マドリー	
GSを含む8試合平均	ラウンド16平均
72%	71%
第1レグ	第2レグ
69%	73%

◆ 個人別の内訳（2試合合計）

マンチェスターU		実行	成功	成功率
DF	ファーディナンド	68	48	71%
MF	ギグス	51	35	69%
DF	ビディッチ	45	31	69%
DF	エバンズ	35	24	69%
MF	キャリック	88	60	68%
MF	ウェルベック	56	35	63%
MF	香川	33	20	61%
MF	クレバリー	25	15	60%
MF	P. ジョーンズ	29	17	59%
MF	ルーニー	50	29	58%
DF	エブラ	72	41	57%
GK	デ・ヘア	57	31	54%
DF	ラファエウ	75	38	51%
MF	ナニー	28	14	50%
MF	バレンシア	6	3	50%
FW	ファン・ペルシー	53	24	45%
MF	ヤング	9	4	44%
MF	アンデルソン	0	0	—

レアル・マドリー		実行	成功	成功率
MF	モドリッチ	39	34	87%
MF	ケディラ	120	101	84%
DF	バラン	85	67	79%
DF	S. ラモス	113	84	74%
DF	アルベロア	72	53	74%
MF	X. アロンソ	104	76	73%
MF	カカー	30	22	73%
MF	エジル	136	96	71%
DF	コエントラン	106	71	67%
DF	ペペ	12	8	67%
FW	イグアイン	38	25	66%
FW	ベンゼマ	21	13	62%
MF	C. ロナウド	77	47	61%
MF	ディ・マリア	74	43	58%
GK	D. ロペス	55	31	56%

ユナイテッドのパス成功率の平均値は、グループステージ６試合とラウンド16の２試合を合計した８試合で73％だった。鋭いサイドアタックとルーニーや香川を経由する中央の崩しを織り交ぜたバランスの取れた攻撃スタイルを採用しており、大会の平均値である71％よりも２％高い値は妥当な数字と言える。

しかし、ラウンド16の２試合を通したパス成功率は60％。ユナイテッドの平均値から13％も急降下している。対戦相手のレアル・マドリーはこの２試合で、大会の平均値と同じ71％だったことから、ユナイテッドが自分たちのリズムで戦えていなかったことは明らかだ。

その理由を探るために、選手個々のパス成功率を見ていきたい。第１レグは左サイドバックのエブラが49％、第２レグは右サイドバックのラファエウが48％と、50％以下だった。ユナイテッドは豪華な攻撃陣を誇るが、左右のサイドバックが高い位置でチャンスの起点となるケースが多く、それにより前線の選手たちは敵陣にスペースを得て前を向くことができる。しかし、そのサイドバックがこれだけパス成功率を低く抑えられれば、強引なロングボールや個人の打開力に頼らざるを得ない。

モウリーニョ監督が率いたレアル・マドリーは、守備時にコンパクトなゾーンを張りながら、第1レグは相手の左サイド、第2レグは右サイドにプレッシャーをかけ、そこからの効果的なパスを封じていた。第1レグで先発した香川のパス成功率も61%にとどまった。サイドバックから中央にポジションを取るセンターフォワード（ファン・ペルシー）やトップ下（香川）に、なかなかボールが入らなかったことが、その大きな要因だろう。

もう一つ特筆すべき数字は、中盤から攻撃の組み立てを司るキャリックのパス成功率だ。第1レグは75%だったが、第2レグは57%と18%も下がっている。ここまで低い数値になったのは、第1レグでキャリックに十分なプレッシャーがかからなかった反省を生かし、対戦相手のモウリーニョ監督がパス回しのキーマンであるセントラルMFに対して、しっかりとしたケアを指示したからだろう。

第1レグでは余裕を持ってボールをさばいていたキャリックだが、第2レグでは彼のところでボールが落ち着かず、パスミスが目立った。中盤からサイドに展開する司令塔が消されたことで、ユナイテッドのパス成功率は第1レグよりさらに下がる結果となった。

平均値との違いを見ることで、チームのパフォーマンスを一つの基準で評価できるようになり、複数のサンプルを比較することでその原因となった個人を特定することもできるのだ。

POINT 2
84% ケディラのパス成功率

個人を見るなら「ポジション」「役割」「プレースタイル」

パス成功率を検証する上で、もう一つ注意すべきはポジションによる違いだ。ここでは2試合のスタメンがまったく同じだったレアル・マドリーのボランチと2列目を比較する。

ラウンド16でのパス成功率のチーム平均がユナイテッドより11%高かったレアル・マドリーの中で、特に高い値を記録したのはボランチのケディラだ。2試合で１２０本のパスを出し、成功は１０１回。成功率は84%だった。コンビを組んだシャビ・アロンソは73%だったので、実に11%も上回っている。一般的なイメージはケディラが攻守にハードワークするタイプで、シャビ・アロンソは鮮やかに長短のパスを散らすプレーメイカーだが、パス成功率ではケディラが圧倒した格好だ。これにはチーム内の役割の違いが影響している。

シャビ・アロンソはレアル・マドリーにおいて、ボールを散らすだけでなく、縦に速いパスを供給する仕事も期待されている。この2試合でも何度か決定機に繋がる好パスを出したが、ディフェンスにカットされるケースも目立った。加えて第1レグでユナイテッドが中盤に対人守備の強いフィル・ジョーンズを配置し、攻撃の起点となるシャビ・アロンソを徹底してチェックしたことも影響した。そうした中でケディラは広範囲を動きながら、フリースペースで味方からボールを引き出し、かつシンプルにパスを繋いでいた。

勝負パスの頻度や敵のマークによってパス成功率は上下動する。ボランチのパス成功率が2列目の選手より高くなる理由もそのためだ。ボランチで先発した2人と2列目3人のこの2連戦での平均値を算出すると、ボランチ79％、2列目65％と差が開いた。やはり2列目の方が相手のプレッシャーが厳しくなり、前に行くほど仕掛けのパスが増える。その意味でボランチよりパス成功率が低くなるのは当然だ。

個人のパス成功率を見る場合、「ポジション」「役割」「プレースタイル」の3つを念頭に置けば、単純に数字を比較するよりも精度は高まる。

結論

- パス成功率を正しく評価するには、平均値と比較する必要がある
- その結果、導き出されたパス成功率の高低でチームの欠陥がわかる
- 個人を見る場合、「ポジション」「役割」「プレースタイル」を考慮すれば、より精度は高まる

1-3
[ボール支配率]
BALL POSSESSION

ポゼッション vs カウンターの行方

シメオネの大胆不敵な問題提起

ボール支配率は数ある公式データの中でも比較的よく見かけるものの一つだ。ここ数年はバルセロナが70％、時には80％にも達する数値を記録することで、ますます注目度が高くなった。ところが、最近では元日本代表の解説者などから「ポゼッションのためのポゼッションは意味がありません」といった否定的な言葉も聞かれる。

バルセロナがボール支配率にこだわる理由は、ボールを持った方が勝利する可能性が高くなると考えているからだ。

ボール支配率が高いほど攻撃時間は長くなる。それはイコール、守備の時間を減らすことに繋がる。例えば、彼らがある試合で70％のボール支配率を記録したとしよう。ということは、相手は30％だ。単純計算で攻撃の時間は倍以上、守備の時間は半分以下になる。バルセロナの理屈で考えれば、それだけ得点の可能性が高くなり、失点の可能性は低くなるということだ。

しかし、その理論に一石を投じる人物が現れた。11－12シーズンの途中からアトレティコ・マドリーの監督を務める、元アルゼンチン代表ＭＦのディエゴ・シメオネだ。98年Ｗ杯でデイビッド・ベッカムの退場を誘った駆け引き上手として有名だが、指導者になってからは母国のエストゥディアンテスとリーベル・プレートを国内王者に導くなど、若くして名将と認められている。そのシメオネは現役時代の古巣でもあるアトレティコの監督に就任するなり、こう言ってのけた。

「ボール支配率には興味がない」

実際にシメオネが率いるアトレティコは組織的な守備と鋭いカウンターを武器に、リーガエスパニョーラの上位を争っている。果たして、バルセロナとシメオネのどちらの考え方が正しいのだろうか？

【表】ボール支配率とグループステージ突破／敗退の関係

◆ 12-13 CL GSを勝ち上がった16チーム

チーム名	国名	ボール支配率
バルセロナ	スペイン	71%
バイエルン	ドイツ	61%
マンチェスター U	イングランド	57%
ガラタサライ	トルコ	56%
ポルト	ポルトガル	55%
パリ SG	フランス	52%
レアル・マドリー	スペイン	52%
シャルケ	ドイツ	52%
シャフタール	ウクライナ	52%
アーセナル	イングランド	51%
ユベントス	イタリア	49%
バレンシア	スペイン	49%
ミラン	イタリア	49%
マラガ	スペイン	48%
ドルトムント	ドイツ	42%
セルティック	スコットランド	38%

◆ 12-13 CL GS敗退した16チーム

チーム名	国名	ボール支配率
アヤックス	オランダ	53%
マンチェスター C	イングランド	53%
ブラガ	ポルトガル	52%
モンペリエ	フランス	52%
アンデルレヒト	ベルギー	52%
ゼニト	ロシア	51%
チェルシー	イングランド	50%
ノアシェラン	デンマーク	49%
スパルタク・モスクワ	ロシア	48%
ディナモ・キエフ	ウクライナ	47%
リール	フランス	46%
ディナモ・ザグレブ	クロアチア	46%
オリンピアコス	ギリシャ	46%
BATE ボリソフ	ベラルーシ	45%
ベンフィカ	ポルトガル	44%
CFR クルージュ	ルーマニア	35%

◆【例外パターンA】
ボールを持たない方が勝率が高い

支配率	勝	分	敗	勝率
51% 以上の試合	6	4	1	55%
49% 以下の試合	13	6	3	59%

◆【例外パターンB】
ボールを持つとまったく勝てない

支配率	勝	分	敗	勝率
51% 以上の試合	0	5	15	0%
49% 以下の試合	4	3	5	33%

※ 50% の試合を除く

POINT 1

63％ ポゼッション派のグループステージ突破率

大前提は「バルセロナ理論」

ボール支配率の実態を探る上で有効なのは、サンプルの多い大会のデータだろう。そこで12－13シーズンのＵＥＦＡチャンピオンズリーグに出場した32チームを対象に、決勝ラウンドに勝ち上がった16チームと敗退した16チームのボール支配率を比較してみた。グループステージ6試合での勝ち上がりを見ることで、１試合単位のアクシデントにとらわれず、全体の傾向を見極めることができるはずだ。

最初にボール支配率の平均値を見てみよう。勝ち上がったチームの平均は52％で、敗退したチームの平均は48％。両者の間に明らかな差はなかった。勝ち上がった16チームの中で50％を上回ったのは10チーム。その内訳は71％を記録したバルセロナから、51％のアーセナルまで幅広い分布になっているが、ボール支配率が50％を超えているチームが優勢という全体の傾向は間違いなさそうだ。

ボール支配率が50％を超えたチームのグループステージ突破率は63％。数字上では、勝つための王道は「バルセロナ理論（ボールを保持している方が有利）」であることが証明された。とはいえ、強者と弱者が混合しているチャンピオンズリーグのグループステージにおいて、強者側が長い時間ボールを保持し、勝ち上がるのは当然の結果でもある。

POINT 2

42％ ドルトムントの平均ボール支配率

〝あえて持たない〟という選択

注目すべきは、むしろ例外の方だろう。50％を上回ったチームの方がより多く決勝ラウンドに進んでいる事実はあるものの、逆になるケースも少なくない。それではボール支配率の逆転現象が起こった50%未満で勝ち上がった6チームと、50%を超えながら敗退した6チームには一体、どのような傾向が表れているのか？

ボール支配率が50%を下回りながら突破したチームを【例外パターンA】、50%を上回りながら敗退したチームを【例外パターンB】として、さらにデータを掘り下げてみる。

【例外パターンA】：ボール支配率が50%を下回りながら突破したチーム
【例外パターンB】：ボール支配率が50%を上回りながら敗退したチーム

まず【例外パターンA】から見ていきたい。ここに当てはまるのはユベントス、バレンシア、ミラン、マラガ、ドルトムント、セルティックの6チーム。グループステージ突破率は37%、敵にボールを持たれても4割弱のチームが勝ち上がっている。

試合ごとのボール支配率と結果の関係を見ると、50%を下回った試合が22試合で結果は13勝6分3敗と大きく勝ち越していた。一方で50%を上回った11試合の結果は6勝4分1敗と、勝率はほとんど変わらない。彼らはそもそもボール支配率を高めるためのサッカースタイルは採用しておらず、50%を上回った試合も結果的にそうなったに過ぎないのだろう。

象徴的なチームが〝死の組〟と呼ばれたD組において、4勝2分の勝ち点14で首位通過したドルトムントだ。ボール支配率は1試合平均42％で、6試合すべてで対戦相手を下回っている。智将ユルゲン・クロップが率いるドイツの雄は、堅守速攻に特化しながら、高いラインと守備陣の積極的な攻撃参加を駆使することで、むしろ相手を上回る決定機を作っている。ボール支配率に頼らないスタイルで効率的に勝利に結びつけたのだ。

POINT 3

0％ カウンター派がボールを持った時の勝率

〝持った方が不利〟という不可思議

【例外パターンB】に当てはまるのはアヤックス、マンチェスター・シティ、ブラガ、モンペリエ、アンデルレヒト、ゼニトの6チーム。50％を超えた20試合の結果は0勝5分15敗、勝率は0％という酷い成績だ。その一方で50％を下回った12試合では4勝3分5敗で負け越してはいるものの、50%超の試合よりはるかに高い勝率となっている。

実際の試合を見ると、50%を上回りながら負けた試合にはほぼ共通するパターンがある。中盤でボールを回していても相手の守備を崩し切れず、パスミスやセカンドボールから背後のスペースを突かれ、失点を重ねてしまうのだ。ＣＦＲクルージュとの開幕戦で65%を記録しながら０－２で完敗したブラガが典型例だ。

【例外パターンＢ】に該当する6チームのグループステージにおける平均得点は６・３点で１試合に換算すると１・１点。平均失点は１・９であり、１試合に１点しか取れず、だいたい２失点を喫していた計算になる。これではいくらボール支配率で上回っていても、勝ち点を奪うことはできない。

例えば、開幕節のドルトムント対アヤックスでは、後者がアウェイながら55%のボール支配率を記録したが、シュートは７本しか打てず、ドルトムントに20本を打たれた。アヤックスはＧＫの見事なセービングもあり、終盤の87分に決勝点を奪われるまで０－０でしのいだが、中盤でボールを持ちながら、中途半端なエリアでカットされたところから、鋭いカウンターを浴びた。マイボールの時間が長くても相手の守備を押し込むことができなければ、かえって危険なカウンターを受ける要因になる。

もう一つ、【例外パターンB】の6チームに見られる共通の傾向は、早い時間帯での失点の多さだ。勝率0％に終わった50％超の16試合のうち8試合は前半30分までに先制点が入り、結局最後まで追いつけないまま試合が終了している。早い時間帯にリードを奪ったチームは、守備重視にシフトしてカウンターを狙う形になりやすい。そうなるとリードされた側はボールを支配するというよりは、〝持たされる〟形になってしまう。

ボール支配率が高ければ攻撃時間が長くなり、守備時間が短くなるのは当然の原則だ。しかし重要なのは、高いボール支配率を勝利のためにどう活用するかだ。バルセロナはボール支配率が高いから強いのではなく、それを戦術的にうまく利用しているから強いのだ。戦術的に必要がなければ、無理にボール支配率を高める必然性はない。

アトレティコのシメオネ監督はボール支配率にこだわらない堅守速攻のスタイルを掲げながら、エースのファルカオを中心としたダイレクトプレー志向の攻撃で多くの得点を奪った。12－13シーズンのリーガエスパニョーラでは最少失点（31）も記録し、バルセロナ、レアル・マドリーの2強に次ぐ3位に輝いている。ポゼッション至上主義のスペインサッカー界に一石を投じ、自身の発言に正統性があることを証明したわけだ。

結論

・王道の勝ちパターンは、ボール支配率50%超えのポゼッションスタイル
・とはいえ、約４割の６チームはカウンタースタイル
・反対に、カウンターチームが〝ボールを持たされる〟と悲惨なことになる

1-4
[枠内シュート]
SHOTS ON TARGET

勝利の条件は
枠内シュート何本？

●勝敗を分ける不変の法則の探求

サッカーの試合の公式データと聞いて、読者のみなさんがまず初めに思い浮かべるのはシュートではないだろうか。例えば、ボール支配率は大会によってあったりなかったりするが、シュートはアマチュアの試合を含め、ほとんどの大会で公式記録に載っている。この数字を見れば、どちらが優勢に試合を進めていたのかをイメージしやすいし、試合を見ながら簡単にカウントすることもできる。

そのシュートの隣に、しばしばカッコ書きで載っている数字が枠内シュートだ。サッカーでは、枠内を捉えてGKにセーブを強いたシュートは、よりゴールに近づいた決定機として、その他と区別して表示される。

その意味では、勝負の指標としてこんな図式ができるのではないか。

「シュート」∧「枠内シュート」∧「得点」

【表1】12-13 CL グループステージの内訳

【表2】引き分け以外の 76 試合を対象に、
枠内シュートとシュートの勝利条件を探る

平均枠内シュート	
勝利チーム	敗戦チーム
8.4 本	5.8 本

平均シュート	
勝利チーム	敗戦チーム
14.1 本	11.1 本

枠内シュートの勝利条件

8.4本以上
（75%が適応）

シュートの勝利条件

14.1本以上
（72%が適応）

枠内シュートは、シュートよりも勝敗（＝ゴールの数）に直結するデータと言える。しかし、具体的に何本打てば試合に勝てるのだろうか？ 勝利したチームの平均値なので、調べれば明確な値が出るはずである。そのボーダーラインを知ることで、勝利と敗北を分ける何らかの指標が導き出せるかもしれない。

POINT 1

8.4本

勝利チームの平均枠内シュート

● 枠内シュート9本以上が勝利の目安

何本の枠内シュートを記録すれば勝利条件を満せるのか——それを探るために、12－13シーズンのＵＥＦＡチャンピオンズリーグのグループステージ計96試合の枠内シュートを集計した。欧州クラブのナンバーワンを決めるこの大会は言わずと知れた世界最高レベルの舞台だ。ミスの少ない最高峰の試合をサンプルにすることで、紛れのないデータが取れるはずだ。

さて96試合の中でどちらかが勝利した試合は76試合あったが、勝った側の枠内シュートを平均すると8・4本だった。負けた側の平均が5・8本だから、2・6本の差がある。実際は、レアル・マドリーがマンチェスター・シティ相手に17本もの枠内シュートを浴びせて圧倒した試合もあれば、リール相手にたった3本で2点をもぎ取ったバレンシアのように、一口に勝利チームの枠内シュートと言ってもその幅は広いのだが、統計的にはだいたい9本以上を記録できれば勝利に近づくことになる。

反対に、9本以上の枠内シュートを記録しながら、負けてしまった例外はどのくらいあったのか？

結論から言えば、引き分けを除いた76試合の中で勝利チームの枠内シュートが9本未満だったのは19試合。つまり、約75％は「枠内シュート9本以上」という勝利条件に当てはまっているわけだ。統計的に見れば、ある程度信頼できる一つの基準となり得るのではないか。

POINT 2

25%
勝利条件に当てはまらない例外

●例外はカウンターと先行逃げ切り

次に９本の勝利条件が当てはまらない25%のケースについて考えてみたい。典型的な事例が２０１２年11月７日、セルティックがバルセロナを破った試合だ。クラブ創立１２５周年を祝った翌日のこの試合で、セルティックの選手たちは世界最強の評価を欲しいままにするバルセロナを本拠地セルティック・パークで迎え撃った。

徹底して守備を固め、時折鋭いカウンターを放つセルティックは21分に先制すると、バルセロナの猛攻をしのぎながら終盤の83分に追加点。ロスタイムにメッシに1点を返されたものの、２－１で歴史的な勝利を挙げた。この試合でバルセロナが記録した枠内シュートは14本を数えた。一方のセルティックは４本。10本も下回った側に勝利がもたらされたわけだ。バルセロナのティト・ビラノバ監督は試合後の記者会見で「内容では我われが勝利に値した」と語っている。

ベタ引きのセルティックがボールを支配するバルセロナを破ったように、カウンターから数少ないチャンスをものにするのが、枠内シュートの〝逆転現象〟が起こる典型例だ。

もう一つのケースが早い時間帯に先制し、その後守りを固めて逃げ切ったケース。ブラガ対ＣＦＲクルージュは、まさにそうした展開のアヤが出たゲームだった。ホームのブラガは23本の枠内シュートを浴びせながらＣＦＲクルージュの守備をこじ開けることができず、逆にたった4本で2点を奪われてしまった。ブラガのジョゼ・ペゼイロ監督は「我われは守備を固める相手に対して焦り、バランスを失ってしまった」と振り返っている。

早い時間帯に先制すれば無理に攻める必要はない。むしろ、相手を前におびき出した方が効果的だ。攻め込まれているので一見被シュートは多くなるが、そこから繰り出すカウンターは一撃必殺である。

意外だったのは、両チームが勝利条件を満たしたゲームがシャフタール対チェルシーの1試合しかなかったことだ。この試合はスコアこそ2－1だったが、両者のゴール前をひたすら往復するような良く言えばスペクタクル、悪く言えば大味な試合展開だった。ただ、チャンピオンズリーグのようなトップレベルではこうした撃ち合いはレアケースのようだ。ほとんどの場合は、勝利条件を満たすのは片方のチームのみとなる。

最後に参考として、シュートで同様のデータを算出してみた。勝利チームの平均は14・1本で、負けチームの平均は11・1本。つまり15本以上のシュートが勝利条件となる。例外は28％で、こちらも7割強は法則が当てはまることになる。

当初の目論見としては、枠内シュートの方がシュートよりも勝利と密接に関連していると想定していたが、欧州最高峰のクラブがしのぎを削るチャンピオンズリーグの舞台ではシュートの精度が非常に高く、2つのデータがかけ離れるケースが稀だった（要するに、シュートは多いが、枠内が少ないと言うケースがあまりない）。枠内シュート9本とともに、シュート15本も勝利条件の参考として頭に入れておいてほしい。

結論

- 枠内シュートの勝利条件は9本以上
- 75％の試合はこの条件で決着している
- ちなみに、シュートの勝利条件は15本以上

1-5
[ドリブル]
DRIBBLE

“持ち過ぎ”は
チームプレーを乱すのか?

ドリブルの功罪を探る

ドリブルを武器とする選手はしばしば〝持ち過ぎ〟と批判され、敗戦の戦犯にされることがある。パスサッカーが全盛を迎え、ドリブルが限られたエリアでしか許容されないチームも増えてきた。

個人技の象徴であるドリブルは、自己満足なプレーとして語られがちだ。しかし、実際の試合においてはボールを前方に運ぶ有効な手段であり、味方の上がりをうながすボールキープとしても戦略的に利用されている。トップレベルの試合におけるドリブルのデータを調査することで、チームプレーとの関係を探りたい。

ドリブルをデータとして扱うにあたり、敵と対峙せずにスペースを駆け上がる【持ち上がり】と、明確に敵をかわした【突破】の２つに分けてデータを取り、併せて成功数と失敗数を計上した。ちなみに、イタリアではこの２つはサッカー用語の定義上も区別されている。

今回サンプルに用いるのは、09－10シーズンのＵＥＦＡチャンピオンズリーグのグループステ

【表】ミラン vs レアル・マドリーのドリブル

09-10 CHAMPIONS LEAGUE Group Stage Match Day 4
2009.11.3 / Giuseppe Meazza - Milan

MILAN (ITA) **1-1 REAL MADRID** (ESP)

◆ ドリブルにおける「持ち上がり」と「突破」

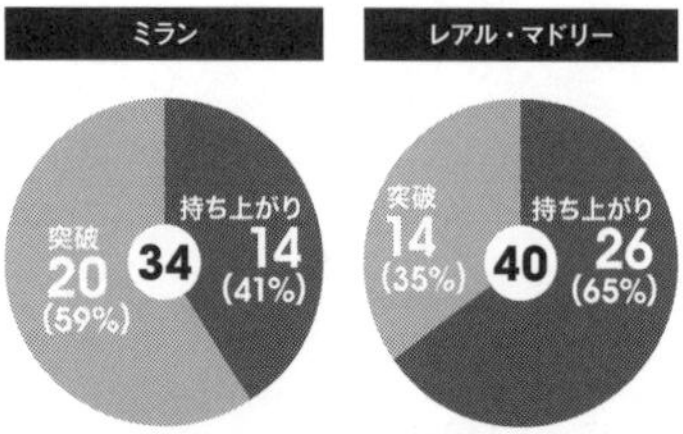

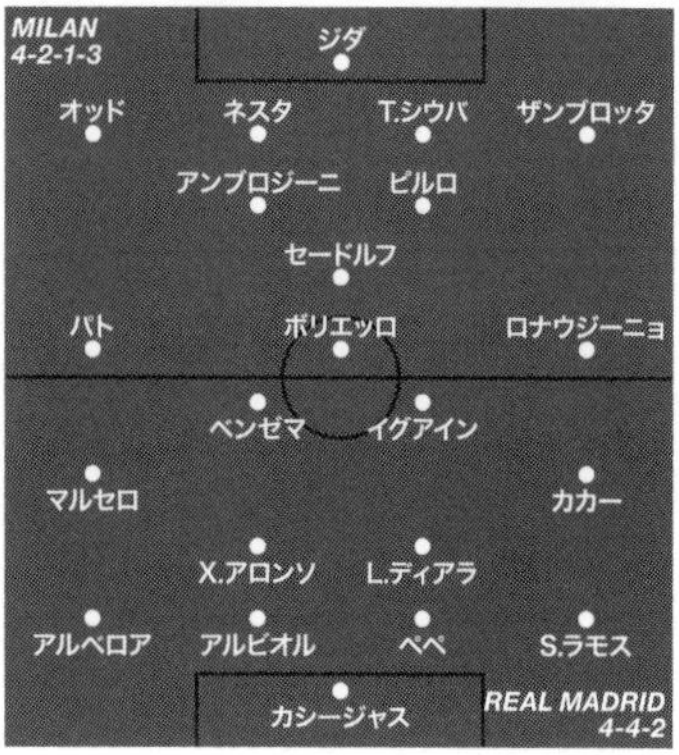

◆「持ち上がり」と「突破」の回数と成功率

ミラン		
持ち上がり		
実行	成功	成功率
14	13	93%
突破		
実行	成功	成功率
20	12	60%

レアル・マドリー		
持ち上がり		
実行	成功	成功率
26	22	85%
突破		
実行	成功	成功率
14	5	36%

◆ 個人別の内訳

	ミラン	全体	持ち上がり	突破
DF	ザンブロッタ	7	3	4
MF	セードルフ	6	3	3
FW	ロナウジーニョ	4	0	4
FW	パト	4	0	4
MF	アンブロジーニ	4	3	1
DF	オッド	4	2	2
FW	ボリエッロ	3	1	2
MF	ピルロ	1	1	0
DF	T. シウバ	1	1	0

	レアル・マドリー	全体	持ち上がり	突破
MF	カカー	17	9	8
FW	ベンゼマ	5	3	2
FW	イグアイン	4	2	2
MF	L. ディアラ	4	4	0
MF	X. アロンソ	3	3	0
MF	マルセロ	3	2	1
DF	アルベロア	2	1	1
DF	S. ラモス	1	1	0
DF	アルビオル	1	1	0

ージ第4節、レアル・マドリー対ミラン。欧州屈指の好カードだが、どちらも効率良く縦にボールを運んで行く印象の強いチームだ。ミランは前線にブラジルを代表するドリブラーのロナウジーニョを擁し、レアル・マドリーは攻撃の主力であるクリスティアーノ・ロナウドを負傷で欠いたものの、長距離の【持ち上がり】が持ち味のカカーが先発メンバーに名を連ねた。

両チームのサッカースタイルと選手の特徴が【持ち上がり】と【突破】の回数とそれらの比率、成功率にどう影響しているのか考察してみたい。

POINT 1
60％ ミランの【突破】成功率

●【突破】のミラン、【持ち上がり】のレアル・マドリー

この試合、ミランは合計34回のドリブルを実行したが、【突破】が20回で全体の59％。レア

ル・マドリーは合計数こそ40回とミランを上回ったものの、その内訳を見ると【突破】は14回で35%、【持ち上がり】が26回で65%だった。個人の打開力に頼るイメージがあるレアル・マドリーだが、ドリブルの多くは【突破】ではなく【持ち上がり】によって記録されたことになる。なぜ両者には、このような違いが生まれたのか？

ミランはシンプルなパス回しで前線までボールを繋いで行くスタイルで、【持ち上がり】は攻撃のビルドアップにおいて、あくまで補助的な要素に過ぎない。一方のレアル・マドリーは、自陣からの縦パスをあまり使わず、ボール保持者の前が開けば積極的に個の力で持ち上がって行くのが基本スタイルだ。

ミランは前線の選手があまり低い位置まで下がって組み立てに参加しない傾向もあり、パト、ボリエッロ、ロナウジーニョの前線３人の中で【持ち上がり】を記録したのは、ボリエッロの１回のみ。レアル・マドリーが２トップのイグアインとベンゼマだけで５回を記録しているのとは対照的である。

【突破】に目を向けると、ミランは一転して前線３人で全体の半分に当たる10回を記録。基本的にはパスでボールを運び、最後は前線が崩すという攻撃スタイルが、このデータに明確に表れている。実際、パトの決定的なシュートやロナウジーニョのPKも、ボリエッロの【突破】直後の早いリスタートから獲得しており、20回中12回（60％）の成功を記録した【突破】は、ミランにとって相手ゴール前を崩す主要な武器になっている。

レアル・マドリーは14回の【突破】を試みて、成功は5回（36％）。しかも、前方エリアでの成功が1回しかない。ほとんど【突破】が成功していないにもかかわらず、23本のシュートを放っているのは【持ち上がり】を多用して前線まで上がって行き、ラストパスやDF手前からのミドルシュートなど、【突破】に偏らない崩しを実行しているからだろう。

ビルドアップはパス、フィニッシュは【突破】のミラン。ビルドアップは【持ち上がり】、フィニッシュはパスのレアル・マドリー。ともに縦に速いサッカーを志向しながら、組み立てと崩しの手法が異なるのは興味深い。

一口にドリブルと言っても【持ち上がり】と【突破】では目的が異なり、またチームが志向するスタイルによって両者の比重も変わってくるのだ。

POINT 2 38% カカーの【突破】成功率

ドリブル突破はハイリスク・ハイリターン

次は個人別のドリブルにフォーカスすることで、その役割と効果を探りたい。

クリスティアーノ・ロナウドを故障で欠くレアル・マドリーにおいて、攻撃の核を担うカカーは17回のドリブルを記録。これは全体の43%に当たる数字だ。その中で【持ち上がり】を9回試みて成功は7回。アンブロジーニの守備から2回ボールを失ったものの、前が開けば果敢に縦に運ぶ姿勢がよく表れている。

そのカカーを含めてレアル・マドリーの【持ち上がり】の失敗は4回のみ。注目に値するのは、85%が成功していることだ。参考までに、この日のレアル・マドリーのパス成功率は70%。ドリブルでの【持ち上がり】の方が確実性が高いわけだ。実際、ラサナ・ディアラとシャビ・アロンソの2人のボランチも合計7回の【持ち上がり】を記録し、すべて成功させている。カカーほど積極的ではないが、前方が大きく開けば攻守のバランス調整を担う彼らも【持ち上がり】で前に上がる。【持ち上がり】重視はチーム戦術が影響した結果だと思われる。

一方のミランも14回の【持ち上がり】を数えたが、カカーのような突出した数字を残した者はいなかった。中でもロナウジーニョの【持ち上がり】がゼロなのは、気になるデータだ。中盤や左サイドバックのザンブロッタから高い位置でボールを受け、その場のボールキープから、タイミングを見てラストパス、あるいは【突破】を狙うのが彼のプレースタイル。ボールは持つが、そこから他のエリアに運ぶプレーが選択肢に入っていない。この点がカカーとは大きく異なる点だ。

では【突破】に目を向けると、ここでもカカーが8回を記録しトップ。ただ、成功は3回しかなく、そのうちの1回は止められたが、結果的に相手のファウルになったケースを成功にカウントしたに過ぎない。ミランが特に彼の【突破】を警戒したことも、成功率が落ちた理由だろう。

それでも29分の先制ゴールは、カカーの【突破】からのシュートリバウンドをベンゼマが押し込んだもの。確実性はないが、得点に直結するのが【突破】の魅力だ。もっとも、レアル・マドリー全体を見ると【突破】を複数回実行したのは、そのカカーを除けば2回のイグアインとベンゼマのみ。チーム全体としては、敵を抜き去るプレーはそれほど重視していないようだ。

【持ち上がり】と【突破】のバランスは、それらの役割をチームとしてどう意識しているかで変わってくるわけだ。レアル・マドリーの場合は【持ち上がり】がビルドアップの主な手段となっているが、崩しの局面では優先順位が下がっていた。その中でカカーは主に【突破】を実行したが、多くはミランの守備に阻まれてしまった。

しかし、この試みを〝持ち過ぎ〟と切り捨ててしまったら、この日のレアル・マドリーで唯一の得点は生まれなかったことも、また事実である。この日のカカーは8回の【突破】を試みた対価として1ゴールを導き出した。ドリブルは個人が主体となるプレーだが、チームの戦い方によってその生かし方、使いどころも異なるというのが今回の検証でわかった。

結　論

・ドリブルには【持ち上がり】と【突破】の2種類がある
・【持ち上がり】と【突破】のバランスで、チームのプレーコンセプトがわかる
・【突破】の対価は大きい。〝持ち過ぎ〟は単純な成功率だけでは判断できない

1-6
[スローイン]
THROW-IN

知っているようで知らない
スローインの秘密

意外なブラックボックスを解き明かす

ゲームが何らかの理由で止まった後に再開するリスタートの1つにスローインがある。試合の結果に大きく影響しない要素と思われがちだが、90分の中で数十回と行われるプレーであり、そこでしっかりマイボールにできれば自分たちの攻撃時間は長くなり、試合を優位にすることができる。派手ではないが、意外と重要なプレーだ。

スローインの性質と傾向を読み解くためには、まずは投げ入れるエリアが重要になるはずだ。そこでフィールドを【自陣後方】、【中盤】、【敵陣前方】と縦に3分割し、それぞれでスローインの実行回数と成功（マイボールになった）回数を集計。そこからマイボール率を割り出した。

ただし、マイボールとしてカウントするのは、スローインから2タッチ以降で味方がボールを確保した場合。最初に触れたとしても、そこから相手に奪われてしまえば成功とは言えないからだ。例えば前方に投げたボールを味方がマーカーと競り合い、こぼれ球を相手選手が拾えば失敗というわけだ。

【表】マンチェスターU vs アーセナルの第1＆第2レグのスローイン

08-09 CHAMPIONS LEAGUE Semi-finals
2009.4.29 / Old Trafford - Manchester　2009.5.5 / Arsenal Stadium - London

MANCHESTER UTD. (ENG) **4-1** (1-0 / 3-1) **ARSENAL** (ENG)

◆ エリア別スローイン本数と成功率

マンチェスターU	実行	成功	成功率
全体	36	27	75%
敵陣前方	8	7	88%
中盤	22	18	82%
自陣後方	6	2	33%

アーセナル	実行	成功	成功率
全体	35	30	86%
敵陣前方	13	12	92%
中盤	16	16	100%
自陣後方	6	2	33%

◆ 個人別スローイン本数と成功率

マンチェスターU			実行	成功	成功率
出し手	DF	オシェイ	23	18	78%
	DF	エブラ	13	9	69%
受け手	MF	フレッチャー	7	6	86%
	FW	C. ロナウド	6	4	67%
	FW	ルーニー	5	4	80%
	FW	ベルバトフ	5	4	80%
	MF	キャリック	3	2	67%
	FW	テベス	3	1	33%
	MF	ギグス	2	2	100%
	MF	アンデルソン	1	1	100%
	DF	エバンズ	1	1	100%
	DF	ファーディナンド	1	1	100%
	FW	パク	1	1	100%
	DF	ビディッチ	1	0	0%

アーセナル			実行	成功	成功率
出し手	DF	サニャ	20	18	90%
	DF	ギブス	12	9	75%
	MF	セスク	1	1	100%
	MF	ナスリ	1	1	100%
	DF	エブエ	1	1	100%
受け手	MF	セスク	8	8	100%
	MF	ナスリ	6	6	100%
	DF	ディアビ	4	2	50%
	MF	ソング	3	3	100%
	DF	ジュルー	3	3	100%
	FW	アデバイヨル	3	2	67%
	FW	ベントナー	3	2	67%
	MF	ウォルコット	2	1	50%
	DF	シルベストル	1	1	100%
	DF	K. トゥーレ	1	1	100%
	GK	アルムニア	1	1	100%

今回対象とした試合は、08－09シーズンのUEFAチャンピオンズリーグ準決勝、マンチェスター・ユナイテッド対アーセナルのホーム&アウェイ2試合だ。アーセナルはMFセスクを中心とした中盤のパスワークを基調としたポゼッション型、ユナイテッドは個人の打開力に優れるクリスティアーノ・ロナウドとルーニー、長身で高いボールキープ力を誇るベルバトフを擁する縦に速い攻撃を志向するチームだ。そうした攻撃スタイルや中心選手の特徴の違いが、スローインの傾向にどう表れているのだろうか？

POINT 1

33%
マンチェスターUの【自陣後方】マイボール率

●【自陣後方】では3回に2回は失敗する

ユナイテッドは2試合合計で36回のスローインを獲得した。エリアごとに分けてマイボール率を集計すると、【敵陣前方】が88％、【中盤】が82％、【自陣後方】が33％となっている。ここで注目してほしいのが【自陣後方】の圧倒的なマイボール率の低さである。

一般的なイメージからすれば、パス回しがそうであるように自陣で投げたスローインの方が敵陣でのそれよりも成功しやすそうに思えるが、データはその逆を示した。ちなみに、アーセナルも【自陣後方】のマイボール率はユナイテッドと同じ33％。ポゼッション／カウンターというサッカースタイルの問題でもなさそうだ。

これは一体どういうことなのか？

まずは攻撃側の理屈から見ていこう。全体的にマイボールになったスローインは短い距離のものが多く、その割合は投げる位置が前になるほど多くなる。しかし、【自陣後方】では前方への長い距離のスローが要求される。なぜ、前方に距離を出すスローインを投げざるを得ないかと言えば、自陣でのスローインは受け手が敵に囲まれることが多いからだ。

守備側の理屈としては自陣のゴールに近くなるほど中央の守りを固める必要が出るため、スローインの受け手にプレッシャーをかけにくい状況になる。しかも、ゴール前へのロングスロー、近くに寄って来る選手、後ろの選手など、パス出しの選択肢が大幅に増え、結果として攻撃側のマイボール率は高まるわけだ。反対に敵陣でのスローインは背後を突かれるリスクが少ないため、人数を割いて受け手を囲みに行くことが可能になる。

同じ理由で攻める側が敵陣に入ると、スローインの成功率は一気に跳ね上がる。ユナイテッドは【敵陣前方】で８回中７回をマイボールにしている。受け手の選手（長身ＦＷのベルバトフが最も多かった）は基本的にスロワーより前でボールを受けていたが、【自陣後方】でのそれとは異なり非常に高い割合でキープに成功している。

最大の理由はスローインの受け手にチーム内で最もキープ力のあるセンターフォワードを使えること、もう一つは守備側が自陣ゴール前に人数をかけなければならず、ボールの受け手へのマークを基本１人しかつけていなかったためだろう。しかも、受けた選手に反転されて裏を取られないように、後ろで構えるようなマークのつき方をしていた。ＤＦ心理として自陣に近づけば近づくほど積極的なアタックはしにくくなる。その結果、【敵陣前方】でのマイボール率が非常に高くなっているというわけだ。

POINT 2

100%アーセナルの【中盤】マイボール率

●「前方」はギャンブル、「真横」「後方」は確実

次は、その中間のエリアである【中盤】について考えてみたい。ユナイテッドは22回中18回がマイボールになったが、4回の失敗はすべて前方に大きく投げたものだった。これはスローインの距離が長く、相手が【敵陣前方】におけるスローインより受け手にプレッシャーをかけやすい状況だったことが大きい。

それとは逆に、真横や後方に投げたスローインはすべて成功している。アーセナル守備陣が前方スローインへのケアを優先していたため、後ろの選手がボールを受けやすい状態になっていたということだ。「前方」はギャンブル、「真横」「後方」は確実。成否のポイントとして、スローインの方向も重要になってくる。

ここで注目してほしいのが、アーセナルの【中盤】におけるスローインだ。マイボール率は、なんと１００％。そのすべてが後方の選手へ向けたものだった。タッチラインを割ると、決まって１人がスロワーの手前まで寄って行き、ボールを受けると素早く斜め後ろへ展開していた。

これはアーセナルがいかなる時でも、無理して前方に投げるよりも、短いスローインから確実にマイボールにしてポゼッションに繋げることを第一目的としていたためだ（ただし、【自陣後方】に関しては奪われた時のリスクを考慮して６回すべてを前方に投げ、成功は２回のみだった）。ユナイテッドの【中盤】マイボール率が82％だったことを考えても、特筆して高い数字だったことがわかる。

いち早く前に攻めたいユナイテッドと、中盤でボールを大事に繋ぎたいアーセナル。ダイレクトプレーとポゼッションという両者の基本的なスタイルの違いが、【中盤】におけるマイボール率の違いとなって表れた結果と言える。エリアごとにスローインのマイボール率を比較してみると、攻撃の志向性を読み取ることもできる。

POINT 3

8回 セスクがスローインの受け手となった回数

● FWに預けるか、MFに展開させるか

最後に、選手個人について誰がスローインの出し手となり、また受け手となっているのかを検証してみよう。

まず出し手を見てみると、36回のスローインを実行したユナイテッドは右サイドバックのオシエイが最多の23回、残りは左サイドバックのエブラが13回と、すべてがサイドバックの選手によるものだった。サニャがチーム最多の20回を記録したアーセナルも、35回のうち33回はサイドバックが担当している。一般的なイメージ通り、両チームともに大半はサイドバックがスローインを実行していたわけだ。

サイドバックが出し手を担う理由は大きく2つ考えられる。サイドバックの選手が投げれば、

その時点でポジションの配置やバランスを崩す必要がなく、ボールを奪われた後のリスク管理をしやすいこと。また前方でスローインを得た場合、最終ラインの１人であるサイドバックが上がれば、チーム全体を前に押し上げることもできる。

次にスローインの受け手を見てみたい。両チームで最多はアーセナルのセントラルＭＦを務めたセスクの8回で、全体に占める割合は23％。中盤のパスワークを基調とするアーセナルは、敵のプレッシャーが少ない後方の選手に投げることで、確実にマイボールにすることを狙っていた。ポゼッションの志向が強いほど前方のＦＷより、中盤の選手が受けるケースが増える。

前述したようにスローインの際は相手の守備陣が前方やゴール方向のケアを優先するため、出し手の真横から後方の選手がボールを受けやすくなる。その中でもプレーメイカーの役割を担っていたセスクが最多を記録し、チームの中でも技術力の高いナスリが2番目だったのは、この2人が確実にスローインを受けられ、そこから攻撃の起点になれるからだろう。

一方のユナイテッドはセントラルＭＦのフレッチャーがチームトップの7回を記録したが、クリスティアーノ・ロナウドが6回、ルーニーとベルバトフが5回ずつと、ＦＷの選手だけで16回と、全体の44％を占めた。高い位置ではなるべく屈強で技術の高い前線の選手に預け、そこからゴールに直結するプレーに繋げようというユナイテッドの意図が表れている。

逆にアーセナルは、敵陣でユナイテッドを上回る13回のスローインを実行しながら、ＦＷのアデバイヨルとベントナーが受け手となったのは6回のみ。残りはセスクかナスリが出し手より後ろで短いスローインを受けており、【敵陣前方】でも後方方向のスローインで確実に繋いでポゼッションを優先する狙いが見て取れる。

スローインの受け手はすなわち、そこから続く攻撃の起点となる選手だ。つまり誰がどこで受けるかは、そのチームの攻撃スタイルを表していると言っても過言ではない。

結論

- 【敵陣前方】と【中盤】はほぼ成功、【自陣後方】はほぼ失敗
- 「前方」へのスローインはギャンブル、確実に繋ぐなら「後方」
- 「エリアごとのマイボール率」や「受け手の回数」で
チームのダイレクトプレー／ポゼッションの志向がわかる

1-7
[ゴール]
GOAL

日本代表の
ゴールパターンを読み解く

３つの視点でゴールを掘り下げる

得点数を競うサッカーにおいて、最も基本的なデータはゴールだろう。

ゴールの数は試合を表現する最もシンプルな数値だ。元オランダ代表のヨハン・クライフは「１－０よりも５－４で勝利するフットボール」を目指し、選手としても監督としても攻撃サッカーを追求した。彼がたとえに使ったように最終スコアが１－０やスコアレスドローなら守備的、５－４なら派手な撃ち合いが展開されたと容易に想像できる。

しかし、あまりにも結論が明確だからこそゴールの数はスコア上の結果としてしか見られていない。実はゴールに至る過程には、多くの重要な情報が隠されている。そこで３つの視点からデータを集計し、ゴールの見方を掘り下げてみたい。

【ゴール参加】攻撃の開始からゴールまでに絡んだ選手
【ゴールエリア】ゴールを生む起点となったエリア（左サイド、右サイド、中央）
【ゴールパス本数】攻撃の開始からゴールまでに繋いだパスの本数

ゴールの傾向を探るには、それなりの試合数が必要になる。そこで今回サンプルとして取り上げるのは、日本代表のブラジルW杯アジア最終予選8試合だ。唯一の黒星を喫したアウェイのヨルダン戦など厳しい試合もあったが、結果的にはイラクとの最終戦を残してW杯の出場権を勝ち取ったことは読者のみなさんにとっても記憶に新しいだろう。日本代表の得点傾向を【ゴール参加】【ゴールエリア】【ゴールパス本数】という3つの視点から検証する。

ザッケローニのチームが8試合で奪った得点は16。平均して1試合2得点を記録したわけだが、2本はPK、さらに3本がCKからだった。ここではより正確を期すため【ゴール参加】は2本のPKを除く14得点、【ゴールエリア】と【ゴールパス本数】はPKとCKを除く11得点を対象とした。

【表】日本代表のブラジルW杯アジア最終予選のゴール記録

試合数 8　総得点 14※

※ PKによる2得点は除く

◆ ゴール参加ランキング

		ゴール参加	得点	アシスト	プレー時間	参加率
MF	本田	7	3※	2	507 分	72 分
FW	岡崎	6	3	2	697 分	116 分
MF	遠藤	6	0	2	716 分	119 分
FW	香川	5	2	1	540 分	108 分
FW	前田	5	3	1	587 分	117 分
MF	長谷部	5	0	0	630 分	126 分
DF	長友	4	0	3	630 分	158 分
DF	吉田	3	0	0	494 分	165 分
DF	栗原	2	2	0	147 分	74 分
DF	酒井宏	2	0	0	230 分	115 分
FW	清武	2	1	1	363 分	182 分
DF	今野	2	0	0	612 分	306 分
MF	中村	1	0	0	56 分	56 分
MF	細貝	1	0	0	101 分	101 分
DF	駒野	1	0	0	101 分	101 分
DF	酒井高	1	0	1	105 分	105 分
DF	内田	1	0	1	395 分	395 分
FW	乾	0	0	0	4 分	—
FW	ハーフナー	0	0	0	101 分	—
DF	伊野波	0	0	0	198 分	—

※ PKによる2得点は除く

◆ 全ゴールの得点者とゴールパス本数

日付	対戦相手	得点者	ゴールパス本数
2012.6.3	オマーン (H) ○ 3-0	本田	5本
		前田	5本
		岡崎	4本
2012.6.8	ヨルダン (H) ○ 6-0	前田	—
		本田	1本
		本田	5本
		香川	1本
		本田	—
		栗原	—
2012.6.12	オーストラリア (A) △ 1-1	栗原	—
2012.9.11	イラク (H) ○ 1-0	前田	2本
2012.11.14	オマーン (A) ○ 1-2	清武	10本
		岡崎	7本
2013.3.26	ヨルダン (A) ● 2-1	香川	2本
2013.6.4	オーストラリア (H) △ 1-1	本田	—
2013.6.11	イラク (A) ○ 0-1	岡崎	2本

ゴールパス合計	ゴールパス平均
44本	4.0本

(PKとCKは除く)

◆ ゴールエリア別で見る得点分布

(PKとCKは除く)

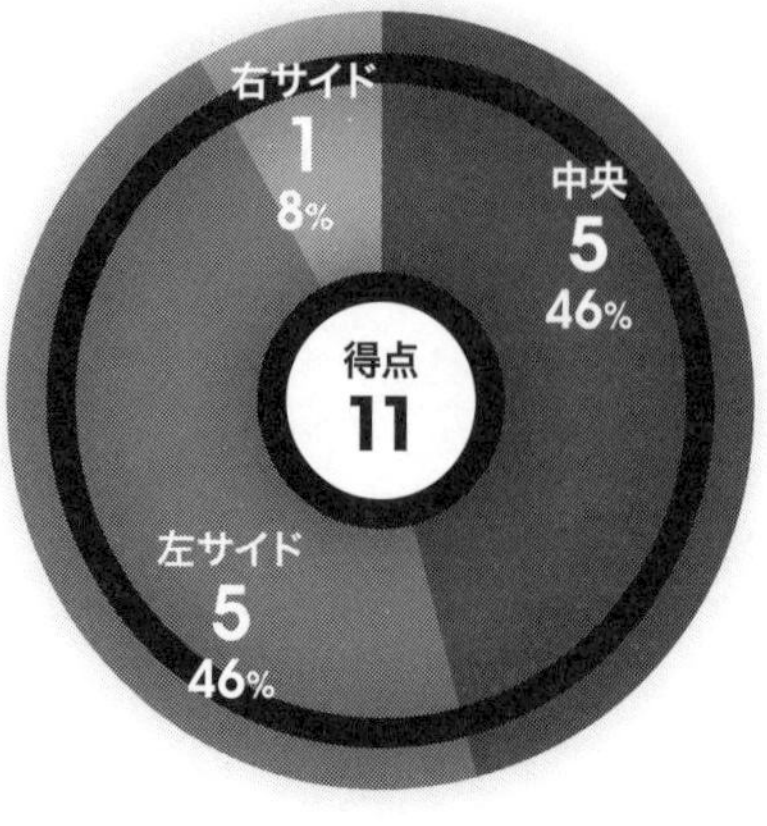

POINT 1

7回 本田圭佑の【ゴール参加】

●攻撃の中心は、やはり〝あの男〟

【ゴール参加】は攻撃のスタートからボールに絡んだ選手をカウントしたもの。ここではＰＫを除く14得点の中で、誰が何回参加したかを集計した。サッカーが点を取る競技である以上、ゴールを決めた選手は最大の殊勲者であり、次いでそれをアシストした選手が評価されるのは当然だが、一連の流れの中に加わった選手もゴールに貢献していることは間違いない。

アジア最終予選において、最も多くのゴールに参加したのは本田だった。2本のＰＫを除く3得点を決め、アシストも2つ記録。合計7回の得点シーンに顔を出している。6試合目のヨルダン戦と8試合目のイラク戦は欠場しているため、14得点のうちで実際に立ち合ったのは11得点だが、その中の7回に絡んでいたのだ。やはり日本代表の攻撃の中心は本田。試合で見せる圧倒的な存在感は伊達ではない。

出場時間は合計５０７分なので、割合を出すと72分に1回はゴールに参加した計算となる。つまり、平均して1試合に1回以上は得点シーンに絡んでいたわけだ。（栗原など出場時間の少ない選手を除けば）チームで2番目の参加率を記録したのが香川の１０８分に1回であることを考えると、現在の日本代表においては本田を経由した決定機が大半ということがわかる。

攻撃の起点として重宝されるボランチの遠藤は6回で、１１９分に1回と3番目。決して悪くない数字だが、やはり遠藤の基本的な役割は中盤でボールポゼッションを高め、攻撃のリズムを作ることであり、彼を経由せずに決まる得点も少なくない。

その遠藤が2つのアシストを記録している一方で、ボランチでコンビを組む長谷部は自らのゴールもアシストもゼロ。目に見える数字を残していない長谷部はなかなか評価されにくい立場だが、実は遠藤とほとんど変わらない5回の【ゴール参加】を記録している。「主演」でも「助演」でもないが、名脇役として陰からチームを支えていたわけだ。

またサイドバックでありながら4得点に絡んだ長友、リスタートから3得点に絡んだセンターバックの吉田の働きも見逃せない。前者は積極的に前線に駆け上がる運動量、後者は相手ゴール前で勝負できる高さが大きな武器になっている。

POINT 2

46%
左サイド起点のゴールの割合

●「左」偏重の組み立て

【ゴールエリア】は左サイド、右サイド、中央のどのエリアからゴールが生まれたかをカウントした。結論から先に言うと、ＰＫとＣＫを除く11得点において、左サイドと中央がそれぞれ５回で、右サイドは１回のみだった。

左サイドに関しては遠藤を主な起点として、左サイドバックの長友、左サイドＭＦの香川が絡むコンビネーションがチームの組み立てのベースになっている。また右サイドＭＦの主力である岡崎がチャンスメイクよりもフィニッシュを得意とするタイプであることも、「左」偏重の傾向を強めている。

中央も同じく5回を記録しているが、そのうちの３回は高い位置でセカンドボールを拾い、すかさず得点に繋げたパターンであり、起点となっていたのはやはり左サイドだった。残る2回のうち、1つは最終戦のイラク戦でカウンターから決めたもの。純粋にパスワークの流れから中央を崩した得点は、ホームのヨルダン戦で遠藤、香川、岡崎らが絡み、本田が決めたゴールのみだった。

一方で右サイドの1回はリスタートから生まれた得点であり、流れの中からは一度も崩せていない。右サイドバックの内田も「ヤットさん（遠藤）を起点にして左で作り、オカちゃん（岡崎）で仕留めるのが基本スタイル」と認めている。実際に、岡崎は6回の【ゴール参加】を記録し、その内訳は3得点2アシストと、ほとんどが組み立てではなくフィニッシュに直接関わる役割だった。

日本代表のザッケローニ監督はサイドを起点とした攻撃を重視するが、現状はほとんどの攻撃が左から行われている。あまりにも明らかな傾向なので、今後の対戦相手は重点的に対策を練ってくるだろう。戦術家として名高い指揮官がどう出るのか注目したい。

POINT 3

4.0本 ゴールに至る平均パス本数

ほとんどがパス３本以上。カウンターは少ない

データからゴールを掘り下げる三つ目の方法として【ゴールパス本数】がある。２００４年アテネ五輪の日本代表監督を務めた山本昌邦氏は、「現代サッカーにおける多くのゴールは、３本以内のパスで決まる」と語っていた。３本以内のパスで決まるゴールとは、つまりカウンターのことである。この項では彼の言葉を借りて、「パス３本以内ならカウンター」「４本以上ならポゼッション」と規定したい。

アジア最終予選において日本代表は何本のパスでゴールに結びつけたのか？

ＰＫとＣＫを除く11得点を対象に、攻撃の開始からゴールまでのパス本数をカウントした。11得点の合計パス本数は44本で、平均すると４・０本のパスを繋いでいたことになる。そのうち４

本以上のパスを記録したゴールは6で、最多はアウェイのオマーン戦で清武の先制点をもたらした10本だった。

やはり基本的に日本代表は遅攻がメインであることがわかるが、二桁のパスが繋がってゴールになったのは前述した1回のみであり、バルセロナのように極端なポゼッション偏重のスタイルとまでは言えない。引いて守るアジアの相手に対して、必然的にカウンターが少なくなった部分はあるだろう。

3本以下のパスで決まった5得点では相手のクリアボール、すなわちセカンドボールを拾っての二次攻撃から奪ったものが3つあった。残る2得点のうち、1つはホームのイラク戦で決めたクイックスローからのパターンプレー。典型的なカウンターからの得点は、8試合目のイラク戦で挙げた岡崎のゴールのみだった。少なくともW杯予選において、カウンターは日本の得点パターンに入っていなかったと言える。

その要因の一つとして、前線にカウンターに適したFWがいなかったことが挙げられる。実際に予選突破後に行われた東アジアカップでは、この大会でA代表初招集となった柿谷がロングパス一本でDFラインの裏を何度も突破し、3得点を記録した。これまでいなかったタイプのFW

がメンバーに入ることで、ポゼッションを基調としながらも、カウンターを新たな得点パターンとしてチーム戦術に組み込めるのではないか。

結論

- 本田は日本代表の得点シーンの64％に関わっている
- 日本代表のゴールに繋がったチャンスの多くは左サイドからの展開
- 日本代表のゴールパターンは遅攻がメインで、速攻は1ゴールのみ

第2章
データの新機軸

Photo: AFLO

2-1
[走行距離]
DISTANCE COVERED

「走行距離×ボール支配率」でサッカースタイルがわかる

●「走行距離」はどう見ればいいのか？

試合におけるチームや選手の運動量を表す走行距離は、現代サッカーで重視される要素の一つだ。「走ること」の重要性を指摘するサッカー関係者は多いが、具体的な数字として1試合中にどれだけ走る必要があるのかは、なかなかイメージしにくい。

このテーマに関して、南アフリカW杯で日本代表を率いてベスト16に導いた岡田武史監督が興味深い発言をしている。09年3月のW杯最終予選バーレーン戦前の記者会見で「全員が11㎞走れば、12人で戦うのと同じだ」とぶち上げ、物議を醸した。確かに現代サッカーの1試合平均の走行距離は選手1人当たり10㎞前後なので、全員が11㎞走れば走行距離の合計は12人分になる。選手一人ひとりが長い距離を走り、攻守の両局面に多くの人数をかけられるようにすれば、それだけ有利になるのは間違いない。

しかし、走行距離を見る上で注意すべきなのはボール支配率との関係だ。元オランダ代表で〝トータル・フットボール〟の体現者でもあるヨハン・クライフは「ボールを動かせ、ボールは疲れない」と語り、ボールを保持して試合の主導権を握ることの重要性を説いた。同時に彼は、無駄に走り回ることを否定している。自らがボールを支配して相手を走らせ、疲れさせることがクライフの思想だ。つまり、単純に走行距離が長ければいいというわけではない。

走行距離はそれ単体で見てもあまり意味がなく、ボール支配率と照らし合わせることで、チームのスタイルとその完成度が見えてくる。そこで12－13シーズンのＵＥＦＡチャンピオンズリーグのグループステージ通算データを参考に、ボール支配率と走行距離の関係から次の４つのタイプに分けて該当するチームの傾向を探ってみたい。

走行距離×ボール支配率の４タイプ
【Ａタイプ】：ボール支配率が高く、走行距離が短い
【Ｂタイプ】：ボール支配率が高く、走行距離も長い
【Ｃタイプ】：ボール支配率が低く、走行距離が長い
【Ｄタイプ】：ボール支配率が低く、走行距離も短い

ボール支配率は50％以上なら高い、未満なら低い。走行距離は１試合平均の１１３・１㎞を超えているものは高い、未満なら低いという基準で分類する。

POINT 1

80%

【Aタイプ】のグループステージ突破率

● バルセロナの「省エネ」サッカー

【Aタイプ】はボールを持つ時間を長くすることで、走る距離を短くしたり、試合のテンポをコントロールする「省エネタイプ」。典型例はバルセロナだ。ここに該当するのは10チームで、そのうちの8チームが勝ち上がっている。グループステージ突破率は、実に80％だ。ボール支配率を高めることで運動量が効率化され、それが勝利に結びついていることを示している。

90年代に監督を務めたクライフの思想を体現するバルセロナのボール支配率は全体トップの平均71％で、走行距離は21番目の1試合平均１１０・２㎞だった。中盤でパスを回してポゼッションを高めるサッカースタイルには、守備に回る相手を自分たちよりも多く走らせて疲れさせるという狙いが含まれている。もちろん、攻撃時にも良い位置でパスを受けるためのフリーランニングは必要だが、守備の時間に比べて走行距離は短くなりやすい。

【表1】12-13 CL 出場32チームの走行距離ランキング

順位	チーム名	国名	1試合平均走行距離 (km)	ボール支配率	タイプ
1	ブラガ	ポルトガル	126.1	52%	B
2	ガラタサライ	トルコ	123.1	56%	B
3	ドルトムント	ドイツ	122.9	42%	C
4	アヤックス	オランダ	122.6	53%	B
5	ユベントス	イタリア	121.3	49%	C
6	ノアシェラン	デンマーク	119.4	49%	C
7	スパルタク・モスクワ	ロシア	117.4	48%	C
8	バレンシア	スペイン	115.1	49%	C
9	ゼニト	ロシア	114.3	51%	B
10	チェルシー	イングランド	114.0	50%	B
11	マンチェスターC	イングランド	113.9	53%	B
12	バイエルン	ドイツ	113.5	61%	B
13	シャフタール	ウクライナ	113.0	52%	A
14	ポルト	ポルトガル	112.6	55%	A
15	シャルケ	ドイツ	112.5	52%	A
16	CFRクルージュ	ルーマニア	111.7	35%	D
17	アーセナル	イングランド	111.7	51%	A
18	ディナモ・ザグレブ	クロアチア	111.5	46%	D
19	レアル・マドリー	スペイン	110.8	52%	A
20	ベンフィカ	ポルトガル	110.7	44%	D
21	バルセロナ	スペイン	110.2	71%	A
22	アンデルレヒト	ベルギー	110.1	52%	A
23	モンペリエ	フランス	110.0	52%	A
24	パリSG	フランス	109.8	52%	A
25	マラガ	スペイン	109.8	48%	D
26	ミラン	イタリア	109.5	49%	D
27	マンチェスターU	イングランド	109.3	57%	A
28	ディナモ・キエフ	ウクライナ	109.3	47%	D
29	リール	フランス	108.8	46%	D
30	オリンピアコス	ギリシャ	108.4	46%	D
31	セルティック	スコットランド	103.6	38%	D
32	BATEボリソフ	ベラルーシ	101.5	45%	D

■ グループステージ敗退

【表2】走行距離×ボール支配率の４タイプ

A バルセロナ型	B バイエルン型	C ドルトムント型	D セルティック型
⑬ シャフタール	① ブラガ	③ ドルトムント	⑯ CFR クルージュ
⑭ ポルト	② ガラタサライ	⑤ ユベントス	⑱ ディナモ・ザグレブ
⑮ シャルケ	④ アヤックス	⑥ ノアシェラン	⑳ ベンフィカ
⑰ アーセナル	⑨ ゼニト	⑦ スパルタク・モスクワ	㉕ マラガ
⑲ レアル・マドリー	⑩ チェルシー	⑧ バレンシア	㉖ ミラン
㉑ バルセロナ	⑪ マンチェスターC		㉘ ディナモ・キエフ
㉒ アンデルレヒト	⑫ バイエルン		㉙ リール
㉓ モンペリエ			㉚ オリンピアコス
㉔ パリSG			㉛ セルティック
㉗ マンチェスターU			㉜ BATEボリソフ

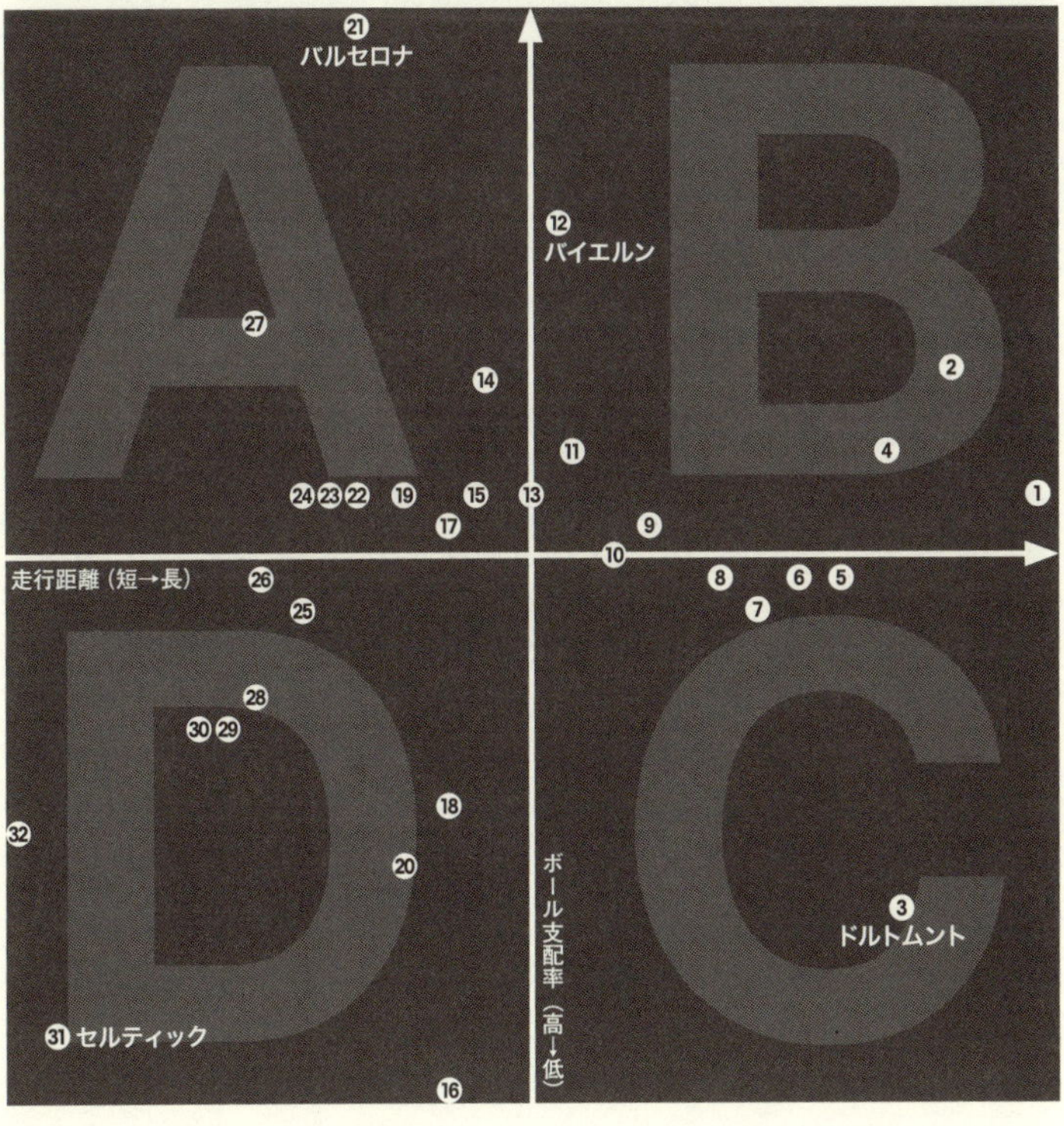

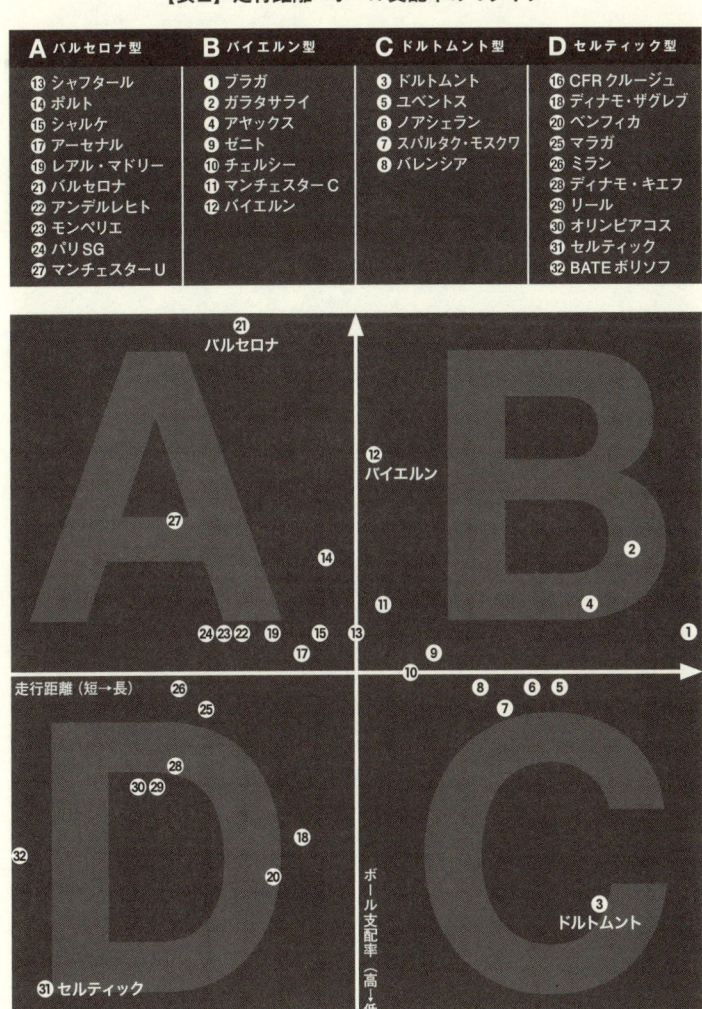

バルセロナがグループステージを戦ったG組における対戦相手の平均値を算出すると１１３・９㎞で、１人当たり10・４㎞。バルセロナは１１０・２㎞、１人当たりが10・０㎞であり、他のチームより約４００ｍも少ない。つまり０・４人分、走った距離が短いことになる。バルセロナに関しては、「ボール支配率が高い＝走行距離が短い」という予想通りの図式が成立しているわけだ。

マンチェスター・ユナイテッドも【Aタイプ】に当てはまる。ボール支配率は57％で全体の３番目、走行距離は27番目の１０９・３㎞だった。伝統的にハードワークのイメージが強いチームだが、格下相手にはボールを支配してゲームをコントロールしつつ、無駄な体力の消耗を抑えている。

ちなみに、今回はアーセナルがこのカテゴリーに入っているが、本来ポゼッションスタイルを志向する彼らはボール支配率、走行距離ともに多い【Bタイプ】に属する。最終的に突破は果たしたものの、グループステージで苦戦した要因は運動量の不足にあったのかもしれない。

POINT 2

123.1km ガラタサライの1試合平均走行距離

●「人もボールも動くサッカー」は非効率？

【Bタイプ】はボール保持を重視しながら、運動量も多いタイプ。【Aタイプ】との違いは、攻撃時によく動き回るということだ。７チームがここに当てはまるが、グループステージを突破したのはガラタサライとバイエルンのみ。意外にも、「人もボールも動くサッカー」が必ずしも勝利に直結しないことを表している。

まずは突破した2チームのスタイルを振り返っていきたい。ガラタサライは56％という高いボール支配率を記録し、走行距離でも全体2位の１２３・１㎞と、ポゼッションとハードワークを高いレベルで両立させたサッカースタイルを実現している。積極的なサッカーを好むファティ・テリムに率いられた集団は、中盤のパスワークを軸としながら、両サイドバックのオーバーラップやボランチの飛び出しなど、後方選手の攻撃参加やオフ・ザ・ボールの動きを駆使した人数をかけた崩しから、全7得点中6得点を奪ったブラク・ユルマズのフィニッシュを演出した。

大会に優勝したバイエルンは安定したポゼッションで中盤を支配しながら、フィールドの全員が連動することで、相手の守備が的を絞りにくい状況を生み出した。ボールを長く持つことが省エネではなく、流動的な仕掛けや崩しを生み出すための基盤になっていたのだ。チャンピオンズリーグ準決勝で実現した【Aタイプ】のバルセロナとの決戦では、前線からのプレスに象徴される運動量で圧倒し、「人もボールも動くサッカー」の可能性を示している。

では、その他の5チーム――チェルシー、マンチェスター・シティ、アヤックス、ゼニト、ブラガ――はなぜ敗れたのか?

ここで思い浮かべてほしいのがボール支配率、走行距離がともに高い日本代表の負けパターンだ。数多くのチャンスを作りながら決め切れず、前がかりになったところをカウンター一発でやられる。組織サッカーの志向が強く、選手同士が連係するクリエイティブな攻撃はできるものの、前線に人数をかけている分、ボールを失った後のポジションバランスが崩れやすいのでカウンターに弱い。ここに挙げた5チームはいずれも〝いいチーム〟であることは間違いないが、勝負弱かった。「人もボールも動くサッカー」は成功すればバイエルンになれるが、そのハードルは極めて高い。

POINT 3

122.9km ドルトムントの1試合平均走行距離

● ダイナミックなカウンター戦術

【Cタイプ】はボール支配率が低く、走行距離が長いタイプ。ボール支配率が低いということは、戦い方はカウンター寄りで自陣に押し込まれる時間も長いのだが、一度ボールを奪うと低い位置からでも長い距離を駆け上がって攻撃に人数をかけるので、走行距離が増加しているということだろう。原始的なベタ引きサッカーではなく、組織的なカウンターサッカーがこのカテゴリーに当てはまる。

ここに該当する5チームのうち、3チームが決勝ラウンドに進出している。勝ち上がったドルトムント、ユベントス、バレンシアの3チームはいずれも欧州で強豪の部類に入るクラブだ。このクラスのチームは、ボール支配率を上げようと思えば上げられるはずだ。敵陣にスペースを作るために、あえてカウンターを採用していると考えた方がいいだろう。

この傾向に最もピタリと当てはまるのがドルトムントだ。ボール支配率は42％とかなり低く、反対に走行距離はグループステージ出場32チーム中で3位となる122・9㎞と豊富な運動量が持ち味だ。

前線からのプレッシングを基本としながら、押し込まれると1トップを除く全員が自陣まで戻って守備に参加するのもドルトムントの特徴だ。全体が足を止めずボール保持者を囲い込み、ボールを奪った後は次々と後方から選手が飛び出していく。攻守両面において運動量が要求されるサッカースタイルだ。そうしたチームとしてのダイナミズムとハードワークの理念が走行距離の長さに繋がっている。ボール支配率が低いのは、相手にボールを持たれているわけでも、走らされているわけでもなく、自分たちの戦い方を押し出した結果に過ぎない。

一方で、6位の119・4㎞を記録したデンマークのノアシェランのように同タイプでもグループステージで敗退したチームもある。ボール支配率は49％と極端に低いわけではなかったが、基本的な攻撃力と守備力の不足は明らか。それを運動量で補おうとしたわけだが、結果は4得点22失点と散々たるものだった。一口にカウンター戦術と言っても、ドルトムントやユベントスのように前線からプレスをかける組織的かつ高度な堅守速攻型は、実力がなければ実現不可能ということだ。

POINT 4

9.1km

セルティックDFライン4人の平均走行距離

● 弱者にとって「ベタ引き」は有効な手段

【Dタイプ】はボール支配率も走行距離も平均値を下回ったケース。ベタ引きで自陣を固めているのでボール支配率が低く、攻撃も2、3人の少人数によるロングカウンター中心なので走行距離も上がらない。単純に言えば、戦力が落ちるチームだ。10チームがこのカテゴリーに当てはまり、案の定と言うべきか7チームがグループステージで敗退している。CFRクルージュやデイナモ・ザグレブらが該当クラブだ。

７チームの敗因は「戦力不足」の一言に尽きる。注目すべきは突破した３クラブ、マラガ、ミラン、そして明らかな戦力不足を覆したセルティックだ。Ｇ組を突破して決勝ラウンドに進出したセルティックは、ボール支配率は38％で31位、走行距離も同じく31位の平均１０３・６㎞、１人当たり９・４㎞だった。なぜ、ともにブービーという酷いスタッツでグループステージを突破できたのだろうか？

その理由が顕著に表れたのがアウェイのバルセロナ戦だ。最強のポゼッションチームである相手は先に触れた通り高いボール支配率を記録することで、敵により多く走らせることを一つの戦略としている。しかし、セルティックはボール支配率が26％（！）の低さだったにもかかわらず、走行距離は１０７・１㎞で１０８・９㎞のバルセロナよりも走っていない。

そこでポジション別の走行距離を見てみると、ＤＦライン４人の数値が異常なほど低いことに気がついた。セルティックの４バック（右からルスティグ、ウィルソン、アンブローズ、イサギーレ）が記録した90分間の走行距離を平均すると９・１㎞。バルセロナの４バックの平均値である10・２㎞を１・１㎞も下回っていたのだ。

これはセルティックがもっぱら自陣で守備を固めながら、攻撃時もDFラインをほとんど押し上げず、ロングボールで前線の選手だけを走らせていたことを意味する。言ってしまえば、古典的なドン引き戦術である。ただそれは決して楽をしていたわけでなく、ボールを失った後のリスク管理を優先していたと見るべきだ。

ボール支配率で大きく劣る中、チーム力に勝る相手と同じように攻守のアップダウンを繰り返しても、空いたスペースを簡単に突かれるだけだ。体力的にも持たない。ならば守備陣は自陣に固定し、常に相手の攻撃に備えられる状態を維持した方が効率的だ。この戦略なくしてセルティックのグループステージ突破はあり得なかった。

同じカテゴリーのBATEボリソフも突破こそならなかったが、ホームでは優勝したバイエルンを3－1で破るなど、勝ち点6を獲得する健闘を見せた。ベタ引きのカウンターは古典的な戦術だが、セルティックやBATEボリソフを見る限り、相変わらず弱者にとって有効な手段であり続けている。

ボール支配率が高ければ走行距離が短くなり、逆に低ければ長くなるという理論はやや一面的だ。ボールを持っていても流動的なポジションチェンジを多用してオフ・ザ・ボールの動きが激しくなれば、それだけ走行距離は上がる。逆に守備の時間が長くとも、ＤＦラインを自陣に固定してしまえば走行距離は短くなる。ここまで見てきたように、走行距離とボール支配率の相関関係を用いて４つのタイプに分ければ、おおよそのチームスタイルは判定できるはずだ。

結論

- 強者にとっての王道は「省エネ」の【Aタイプ】
- 一見理想的な【Bタイプ】は難易度が高い
- 組織的なカウンターの【Cタイプ】も、実は強者の戦術
- 弱者の味方はやはり【Dタイプ】のベタ引きサッカー

2-2

[シュート差]

DIFFERENCE OF SHOTS

チームの特徴が
10分でわかる計算法

基本データでチームの特徴を知る

前テーマの「走行距離×ボール支配率」のようにチームの特徴をイメージするのに有効なデータはいろいろあるが、その多くは自分で集計するオリジナルデータか、一部の大会でしか知ることができない高度なデータだ。

例えば、走行距離はＵＥＦＡチャンピオンズリーグやＷ杯などの巨大資本が投下される国際大会では公式データとして発表されるが、最新の機器を使ったテクノロジーが必要なので、大半の試合では計測ができない。もっと基本的なデータで誰でも簡単にチームの特徴を知る方法はないだろうか？

そこで考え出したのがシュート差だ。使うデータはシュートと被シュートの２つ。攻撃の結果をシュートとするならば、守備の結果は被シュートである。シュートから被シュートを引き算した値をシュート差として、そのチームのパフォーマンスや特徴を理解する手がかりにしたい。非常にシンプルな計算式だが、シュートのデータを見る時に被シュートと照らし合わせる習慣はあまりないのではないか。

サンプルとして用いるのは12－13シーズンのＵＥＦＡチャンピオンズリーグのグループステージ。参加32チームの計6試合のスタッツから、次の4タイプに分類した。

【Aタイプ】平均値よりシュートが多く、被シュートが少ない
【Bタイプ】平均値よりシュートが多く、被シュートも多い
【Cタイプ】平均値よりシュートが少なく、被シュートも少ない
【Dタイプ】平均値よりシュートが少なく、被シュートが多い

ＵＥＦＡの公式スタッツに基づく全体の平均値はシュートが75・9本、被シュートが75・4本（本当はこの値は一致するはずなのだが、どこかで集計ミスがあるのだろう）。そのためシュート、被シュートともに76本を「多い／少ない」の基準にしている。

【表1】12-13 CL 出場32チームのシュート差ランキング

順位	チーム名	国名	シュート差	シュート（得点）	被シュート（失点）	タイプ
1	ユベントス	イタリア	63	118 (12)	55 (4)	A
2	ベンフィカ	ポルトガル	58	111 (5)	53 (5)	A
3	レアル・マドリー	スペイン	57	120 (15)	63 (9)	A
4	バルセロナ	スペイン	47	100 (11)	53 (5)	A
5	バイエルン	ドイツ	40	92 (15)	52 (7)	A
6	シャルケ	ドイツ	38	93 (10)	55 (6)	A
7	ポルト	ポルトガル	33	83 (10)	50 (4)	A
8	ブラガ	ポルトガル	31	99 (7)	68 (13)	A
9	ミラン	イタリア	29	87 (7)	58 (6)	A
10	シャフタール	ウクライナ	28	96 (12)	68 (8)	A
11	リール	フランス	25	78 (4)	53 (13)	A
12	ガラタサライ	トルコ	23	89 (7)	66 (6)	A
13	モンペリエ	フランス	23	79 (6)	56 (12)	A
14	ドルトムント	ドイツ	14	86 (11)	72 (5)	A
15	マンチェスター U	イングランド	11	86 (9)	75 (6)	A
16	ディナモ・キエフ	ウクライナ	4	58 (6)	54 (10)	C
17	パリ SG	フランス	2	76 (14)	74 (3)	A
18	チェルシー	イングランド	-2	89 (16)	91 (10)	B
19	ゼニト	ロシア	-3	74 (6)	77 (9)	D
20	アンデルレヒト	ベルギー	-10	59 (4)	69 (9)	C
21	マラガ	スペイン	-16	67 (12)	83 (5)	D
22	オリンピアコス	ギリシャ	-24	62 (9)	86 (9)	D
23	アヤックス	オランダ	-26	69 (8)	95 (16)	D
24	バレンシア	スペイン	-26	55 (12)	81 (5)	D
25	アーセナル	イングランド	-37	47 (10)	84 (8)	D
26	BATE ボリソフ	ベラルーシ	-39	53 (9)	92 (15)	D
27	ディナモ・ザグレブ	クロアチア	-39	49 (1)	88 (14)	D
28	スパルタク・モスクワ	ロシア	-44	49 (7)	93 (14)	D
29	セルティック	スコットランド	-45	48 (9)	93 (8)	D
30	マンチェスター C	イングランド	-46	64 (7)	110 (11)	D
31	CFR クルージュ	ルーマニア	-62	59 (9)	121 (7)	D
32	ノアシェラン	デンマーク	-90	34 (4)	124 (22)	D
			32 チーム平均	**75.9**	**75.4**	

■ グループステージ敗退

【表2】タイプ別一覧とそのグループステージ突破率

A：16クラブ GS突破率 **75%**
シュートが**多く**被シュートが**少ない**
ユベントス（イタリア）
■ ベンフィカ（ポルトガル）
レアル・マドリー（スペイン）
バルセロナ（スペイン）
バイエルン（ドイツ）
シャルケ（ドイツ）
ポルト（ポルトガル）
■ ブラガ（ポルトガル）
ミラン（イタリア）
シャフタール（ウクライナ）
■ リール（フランス）
ガラタサライ（ドイツ）
■ モンペリエ（フランス）
ドルトムント（ドイツ）
マンチェスターU（イングランド）
パリSG（フランス）

B：1クラブ GS突破率 **0%**
シュート、被シュート**ともに多い**
■ チェルシー（イングランド）

C：2クラブ GS突破率 **0%**
シュート、被シュート**ともに少ない**
■ ディナモ・キエフ（ウクライナ）
■ アンデルレヒト（ベルギー）

D：13クラブ GS突破率 **31%**
シュートが**少なく**被シュートが**多い**
■ ゼニト（ロシア）
マラガ（スペイン）
■ オリンピアコス（ギリシャ）
■ アヤックス（オランダ）
バレンシア（スペイン）
アーセナル（イングランド）
■ BATEボリソフ（ベラルーシ）
■ ディナモ・ザグレブ（クロアチア）
■ スパルタク・モスクワ（ロシア）
セルティック（スコットランド）
■ マンチェスターC（イングランド）
■ CFRクルージュ（ルーマニア）
■ ノアシェラン（デンマーク）

■ グループステージ敗退

POINT 1

+63 ユベントスのシュート差

●理想的な【Aタイプ】だが、落とし穴も…

【Aタイプ】はシュートが多く、打たれたシュートが少ないチーム。最も理想的なタイプと言えるだろう。該当するのは全体の半分に当たる16チーム。意外にもこのタイプが最も多数派だった。

攻撃的なチームはシュートが増えるが、被シュートも多くなるというのが当初の見込みだったが、多くの場合はシュートと被シュートは反比例する関係にあるようだ。つまり数多くのシュートを記録したチームはそれだけ攻め切れており、相手にシュートを打たれる機会が減る傾向にある。

代表例は、シュート差が全体1位のプラス63となったユベントス。118本のシュートを放ち、被シュートはその半分を下回る55本だった。記録したスタッツも12得点４失点と、ほぼシュート差に比例している。攻撃と守備をうまく機能させながら、アタッカー陣がしっかり得点を挙げ、守備側はＧＫのブッフォンを中心に手堅くゴールを守ったことが、そのまま結果に結びついた形だ。

ボール支配率が高いバルセロナやバイエルンも予想通り【Ａタイプ】に当てはまる。共通するのは攻撃と守備がうまく噛み合い、主に相手陣内で試合を運べていることだ。

ただ、【Ａタイプ】に当てはまれば必ず勝利を得られるかというと、そうではない。ベンフィカは１１１本のシュートを記録し、被シュートは53本と非常に少ない。シュート差はプラス58で全体２位だったが、バルセロナと同居したG組でグループステージ敗退を喫した。失点は５とまずまずだが、５得点しか奪えなかった攻撃力に問題があったのだ。ボールを支配し数多くのチャンスを作ったものの、それを決め切れなかったのが敗因である。

一方で、シュート差プラス31（シュート99本、被シュート68本）のブラガは７得点13失点と逆転現象が起こっている。１得点を奪うのに平均14本のシュートを要したにもかかわらず、被シュートの５本に１本が失点となった。シュート差は実際にフィニッシュに至った回数から割り出しているので、マイボールの時間を比べるボール支配率よりも精度は高いが、それでもそこから先の効率性は読み切れない。リールとモンペリエのフランス勢2チームもいいサッカーをしながら、それが結果に繋がらなかった。

とはいえ、【Aタイプ】の16チーム中12チームがグループステージを突破しているので、やはりシュートが多く、被シュートが少ないチームが有利であることに間違いはない。

POINT 2

-2 チェルシーのシュート差

攻守のバランスを失った【Bタイプ】

【Bタイプ】はシュートも被シュートも多かったチーム。ここに当てはまるのはチェルシーだけだった。全体9位に当たる89本のシュートを放ったものの、被シュートは下から8番目の91

本で、シュート差はマイナス２。ちなみに、チェルシーのシュートと被シュートを合計すると１８０本で１試合平均30本となる。これは全体の平均より5本も多い。それだけ互いのゴール前を行き来する、大味な試合展開が続いたということだ。前回王者の彼らは屈辱のグループステージ敗退を喫している。

前シーズンは途中から指揮を執ったディ・マッテオ監督が堅守からのロングカウンターを軸にすることでチームを立て直し、終わってみればクラブ史上初の欧州制覇を果たした。しかしタイトル獲得後、アブラモビッチ・オーナーが求める攻撃的なスタイルを目指した結果、攻守のバランスに問題が発生してしまった。

50%止まりのボール支配率が示すように、ポゼッションサッカーの完成度は決して高くない。にもかかわらず、積極的に人数をかけて攻撃を仕掛けるので、ボールを奪われた後の中盤の守備が甘く、何度も危険なカウンターを受けることになった。アザール、マタ、オスカルなど前線にタレントがそろっているので攻撃力は高いが、無防備に前に出たせいで自慢の守備は見る影もなくなってしまった。攻撃的になり過ぎて攻守のバランスを失ってしまったチームが【Ｂタイプ】になりやすいと言えるだろう。

POINT 3

+4 ディナモ・キエフのシュート差

堅守速攻の【Cタイプ】はFW&DF頼り

【Cタイプ】はシュートも被シュートも少ないチーム。ここに該当するのはディナモ・キエフとアンデルレヒトの2チームだけだった。結果は両者ともにグループステージ敗退に終わっている。

共通するのは中盤からDFラインにかけての守備が堅く、相手にバイタルエリアまで侵入させなかったが、その分、攻撃に人数をかけられなかったこと。ディナモ・キエフはシュートが25位の58本だったが、被シュートは全体の6番目に少ない54本で、シュート差はプラス4だった。ボール支配率は47%で、堅守速攻をベースとしたスタイルがシュートと被シュートの少なさとして反映された。

その意味で6得点しかできなかったのは仕方ないところだが、10失点を喫したのは大きな誤算だろう。組織的な守備でバイタルエリアを固めても、最後のところで守備陣とGKがフィニッシュを阻止できなかった。つまりは個の守備力が足りなかったのだ。被シュート5本に抑えながら、そのうち2本をラベッシに決められて敗れたホームのパリ・サンジェルマン戦が象徴的だ。

守備を固めてカウンターを狙う【Cタイプ】は、ゴール前で勝負できる強力なFWやDFを擁していることが前提で、それがなければ勝ち上がるのは難しいということだろう。

POINT 4-45 セルティックのシュート差

【Dタイプ】の特殊事情

【Dタイプ】はシュートが少なく、被シュートが多いチーム。【Cタイプ】と比べて、さらに被シュートが増えるという最悪のタイプなのだが、ここに該当する13チームのうち、４チームがグループステージを突破しているのは驚きだ。それでは、敗退したチームと勝ち上がったチームの間にはどのような違いがあったのか？

敗退した９チームは２つの傾向に分けることができる。１つはボール支配率が高いタイプ、もう１つはボール支配率が低いタイプだ。

前者の代表例がアヤックスで、53％のボール支配率を記録したものの、シュートは69本しか打てず、被シュートは95本、シュート差はマイナス26だった。本来は60％以上のボール支配率で中盤を支配するスタイルだが、ドルトムント、レアル・マドリー、マンチェスター・シティと同居する〝死の組〟にあって、ボールポゼッションでは相手をわずかに上回ったものの、前線の決定力とＤＦラインの守備力の差を埋めることはできなかった。アヤックスと同じD組で、53％のボール支配率を記録しながら、シュート差はマイナス46と悲惨な結果に終わったマンチェスター・シティも同じタイプだ。

これらの強豪チームとは違い、シュート差が32チーム中ワーストのマイナス90を記録したノアシェランをはじめ、ＢＡＴＥボリソフ、ディナモ・ザグレブなどが後者のタイプ。相手に中盤を支配され、ゴール前の局面でも劣勢を強いられた結果が、そのままシュート差となって表れた。彼らに関しては単純に力不足と言わざるを得ない。

その意味ではシュート差マイナス45（シュート48本、被シュート93本）のセルティックは特殊なケースだ。ホームでバルセロナ相手に歴史的な勝利を飾り、ベンフィカを上回ってＧ組を突破。アウトサイダーの立場を自覚する彼らは相手との戦力差を考慮し、弱者の戦い方を徹底した。

意図的に引いて守れば被シュートは増え、逆に自分たちのシュートチャンスも減りやすい。しかし、ゴール前を固めているので、シュートを打たれてもゴールを破られにくく、前方の広いスペースを攻める分、自分たちのシュートは相手のブロックなどに邪魔されにくいメリットがある。それを最大限に利用することで相手との戦力差を埋めたのだ。

結果的にグループステージで敗退したが、Ｈ組で善戦したＣＦＲクルージュも同様の戦い方で相手を苦しめた。バレンシアもセルティックほど極端ではないが、自陣寄りに引いて相手の攻撃を止め、鋭いカウンターで得点を狙うスタイルがはまり、シュート差がマイナス26ながら得失点差はプラス7という好結果に表れた。

堅守速攻の【Cタイプ】と【Dタイプ】に本質的な違いはないが、自陣ゴール前でいかに守備を頑張れるか、そして少ないチャンスをいかに効率的にゴールに結びつけられるかがポイントとなる。【Dタイプ】の方が勝ち上がり率が高くなったのは偶然かもしれないが、両者の勝ち上がり率を考えると、シュートに関しては「量」より「質」ということなのだろう。

一方、攻撃的なスタイルで知られるアーセナルが【Dタイプ】に含まれるのは、攻撃と守備がうまく機能しなかった証拠。シュートは47本にとどまり、被シュートは84本と、アーセナルらしくないスタッツが並んだ。ボール支配率もわずか51％で、得意のグラウンダーのパス回しではなく、ウイングの仕掛けを主体とした個に頼った攻撃が目立った。それでも限られたチャンスを決めてグループステージ突破を果たしたのはさすがだが、自分たちの目指すスタイルを実現できていたとは言いがたい。

このようにシュートと被シュートの両方を見比べてタイプ分けすれば、簡単にチームのパフォーマンスを判別することが可能だ。ただし、シュート差は対戦相手との力関係が大きく影響するため、1試合ではなくある程度まとまった試合で計測する必要がある。

結　論

- シュートから被シュートを引き算したシュート差は、チームの特徴を知る目安になる
- 「攻撃は最大の防御」の【Aタイプ】が最大派閥で、勝ち上がり率も高い
- シュート差マイナスの【Dタイプ】でも勝利できる場合がある

2-3
[エリア内侵入]
AREA INVASION

シュートではなく、
チャンスの数を知ろう

●シュート本数ではわからない試合の実態

試合を見ていてよく違和感を覚えるのが、試合内容の優劣とシュート本数が一致しない時だ。シュートの数は攻め込んでいることを証明する一つの有効なデータであることは確かだが、実際はシュートで終わらない得点チャンスも少なくない。そこで、どちらがより多くのチャンスを作ったのかを知る方法として提案するのがエリア内侵入だ。

【エリア内侵入】
相手のペナルティエリア内でボールを触れば1回とカウント。一連の攻撃で複数の選手がエリア内でボールを触っても1回、要は最初に侵入した選手のみ有効という集計方法だ。ただし、セットプレーからのパスを受けた場合は対象外とし、流れの中でペナルティエリア内に侵入した場合のみをエリア内侵入と見なす。

サンプルとして用いるのは12－13シーズンのＵＥＦＡチャンピオンズリーグ決勝、ドルトムント対バイエルンのドイツ勢対決。１－１で迎えた89分、自陣からのリスタートでロングボールを前線に放り込み、ゴール前でリベリがボールを収め、鋭い飛び出しからパスを受けたロッベンが

GKバイデンフェラーの足下を破り、ゴールネットを揺らした。これで2－1としたバイエルンが優勝を飾っている。

勝利したバイエルンにとっても厳しい試合だったことは間違いないが、ドルトムント12本、バイエルン14本というほぼ互角のシュート数は試合の実情を正確に反映していないように感じた。前半はほぼ互角だったが、途中でドルトムントの足が止まった後半はほぼ一方的なバイエルンペースだったからだ。そこで両者のエリア内侵入を算出し、別のアプローチから試合内容の優劣を判断していきたい。

POINT 1

4回 後半のドルトムントのエリア内侵入

ボール支配率とエリア内侵入に差がつくケース

試合を通したエリア内侵入をカウントすると、ドルトムントの11回に対し、バイエルンはほぼ倍の21回。それだけバイエルンが多くのチャンスを作ったことになるが、前半と後半で分けてみると、さらに明確な結果が出た。

前半はドルトムント、バイエルンともに7回だったが、後半だけで見るとドルトムントが4回にとどまっているのに対し、バイエルンは14回を記録。前半は拮抗した内容がそのままエリア内侵入に表れたが、後半はバイエルンが圧倒していたのだ。

興味深いのは、エリア内侵入では前後半で明確な違いが出たにもかかわらず、ボール支配率に関しては前後半でまったく同じだったこと（バイエルン58％、ドルトムント42％）。なぜ、エリア内侵入とボール支配率に大きな差が生まれたのか？

ドルトムントは前半、ハードなプレッシングを用いてバイエルンの攻撃を中盤で食い止め、いい形でボールを奪ったところからカウンターを仕掛けて、相手と同等のチャンスを作ることができていた。しかし、後半も半ばになると明らかに疲労の色が濃くなる。どんどん攻撃に人数をかけてくるバイエルンに対し、劣勢のドルトムントはボールを持ってもＤＦライン間で横パスを回すだけ。攻撃は一本のロングパスを前線のレバンドフスキやロイスに当てる散発的な形に終始し

【表】ドルトムントvsバイエルンのエリア内侵入

12-13 CHAMPIONS LEAGUE Final
2013.5.25 / Wembley - London

DORTMUND (GER) **1-2 BAYERN** (GER)

ドルトムント		バイエルン
12(8)	シュート(枠内)	14(9)
8	エリア内シュート	10
42%	ボール支配率	58%
11	エリア内侵入	21

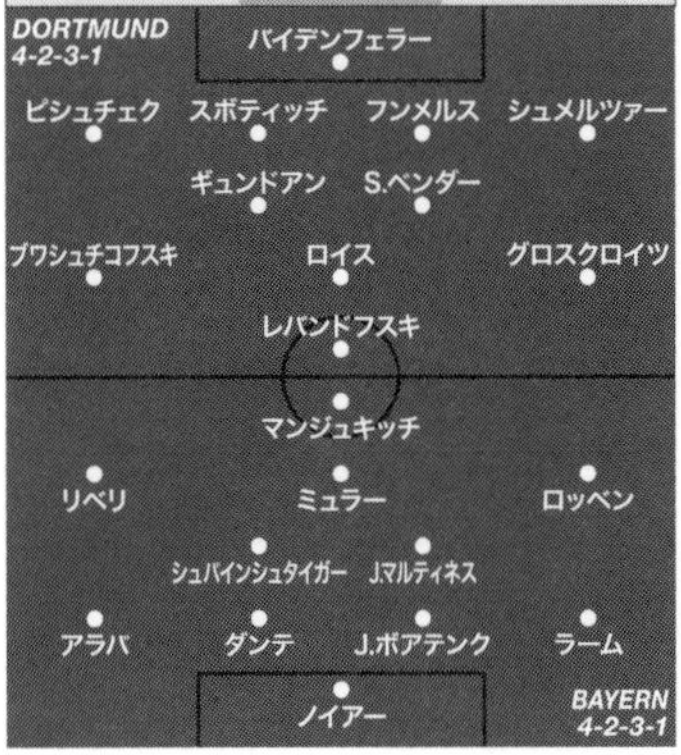

◆ 前後半のエリア内侵入

ドルトムント

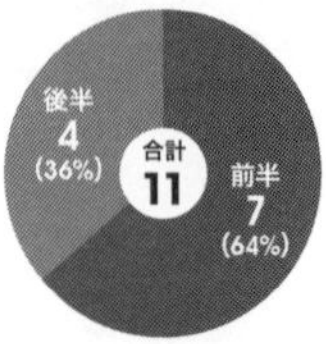

バイエルン

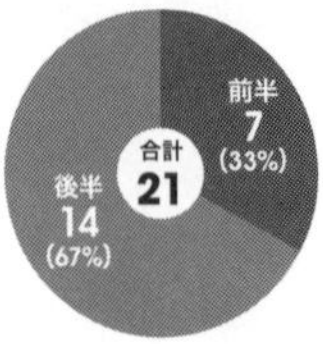

◆ エリア内侵入の方法

ドルトムント		バイエルン	
ドリブル	パス&クロス	ドリブル	パス&クロス
2(1)	9(7)	8(1)	13(9)

※カッコ内はシュート数

◆ 個人別の内訳

	ドルトムント	エリア内侵入
FW	レバンドフスキ	3回
MF	ブワシュチコフスキ	3回
MF	ロイス	2回
DF	ピシュチェク	1回
MF	S. ベンダー	1回
FW	シーバー	1回

	バイエルン	エリア内侵入
MF	ロッベン	7回
FW	マンジュキッチ	6回
MF	ミュラー	6回
MF	リベリ	1回
DF	ラーム	1回

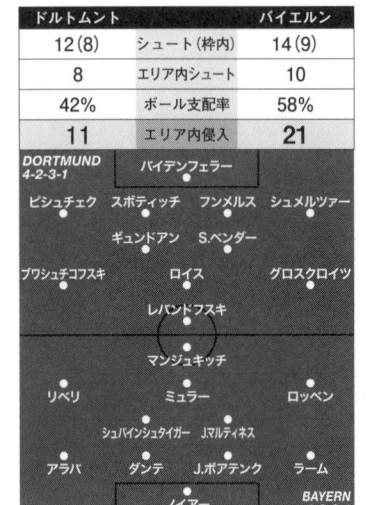

た。

とはいえ、全体の足が止まっていた中でバイエルンを自陣深くに呼び込んでロングカウンターを狙う戦略は、「プランB」としては決して間違っていない。その証拠にドルトムントはロングボールがはまる形で一度は起死回生の同点ゴールを決めている。しかし、後半に関して優勢だったのはバイエルンであり、それはドルトムントの3倍を超える14回というエリア内侵入に表れている。

ボール支配率が前後半で差がつかなかった理由は、ドルトムントのようなカウンターチームはボールを持っているか否かがチームが機能しているかどうかの指標になり得ないからだ。前線からアグレッシブにプレスをかけてショートカウンターを繰り出すのが本来の形だが、後半のようにベタ引きになっても数字上は大差ない。エリア内侵入の大きなメリットは、ボール支配率では読み取れないカウンターチームのパフォーマンスを知る一つの基準になり得ることだ。

POINT 2

13%

バイエルンのドリブル侵入とシュート率

● シュートとエリア内侵入に差がつくケース

次は今回の本題であるエリア内侵入とシュートの関係について考えてみたい。ドルトムントとバイエルンはエリア内侵入に大きな差が出たわけだが、シュートの本数はドルトムントが12本、バイエルンが14本で２本差だった。バイエルンはなぜエリア内侵入が多く、シュートが少なかったのか？

シュートとエリア内侵入に差がつくケースには３つの要因があると考えられる。

①ミドルシュートの意識の違い
②ドリブルでのエリア内侵入が多い
③エリア内での守備能力が高い

①のミドルシュートに関しては非常にシンプルな理屈だ。ミドルシュートが多ければ、エリア内侵入が少なくてもシュートの数が稼げる。ドルトムントが積極的に遠めから打っていればシュート数とエリア内侵入のギャップが説明できるわけだが、両チームともに4本なので今回はこれに当てはまらない。

つまり、ドルトムントのエリア内侵入からシュートに繋がった割合が非常に効率が良かったと考えるべきだろう。ドルトムントはエリア内侵入こそ11回とバイエルンの半数にも満たないが、そのうち8回をシュートで完結させている。割合は73%。対するバイエルンは21回のエリア内侵入を記録し、そこから10本のシュートを放っている。割合にして48%、つまり2回に1回以下の割合でしかフィニッシュに繋がっていないのだ。

バイエルンの攻撃効率が悪い理由として注目したいのが②だ。バイエルンは21回のエリア内侵入のうち38%に当たる8回をドリブルから記録しているのだが、その中でシュートに持ち込めたのは1回だけ。しかも、それはロッベンが味方のロングボールから完全に抜け出したもので、すでにエリア内に障害となるＤＦはいなかった。一方でパスやクロスからエリア内に侵入したケースは13回で、そのうち9回でシュートを記録している。

ドリブルの場合、必ずしもペナルティエリアの内側に入った途端にシュートを打つわけではない。さらにドリブルからシュートに移る動作は、ボールを運ぶ、シュート体勢を作るなど、パスやクロスに合わせるよりタイムラグが生じやすい。ドリブルでの侵入は相手ＤＦに立ちはだかられることも多く、ブロックやタックルをかわす必要も出てくる。

対照的に、ペナルティエリアの内側でパスやクロスを受ける場合、基本的にはフィニッシュの体勢ができており、ダイレクトやワントラップでシュートを狙うことが可能だ。11回のエリア内侵入のうち9回をクロスやパスから記録したドルトムントに比べ、ドリブルに頼ったバイエルンのエリア内侵入がシュートに結びつかなかったのは仕方がない。

もう一つ見逃せない要因は③だ。ドリブルから記録した8回のうち、シュートがたった1回だったのは、ドルトムントのエリア内での守備能力が高かったからでもある。例えば56分にはロッベンがドリブルで侵入したが、シュートに持ち込む前にフンメルスにボールをカットされてしまった。

ドルトムントはＤＦラインを高く上げてのプレッシングを基調とするが、このバイエルン戦のように押し込まれる時間が長くなっても、フンメルスとスボティッチのＣＢコンビはしっかりマンツーマンで相手の攻撃を阻止できる。しかも、背後には鉄壁のセービングを誇るＧＫバイデンフェラーが構えているため、バイエルンのアタッカーは決定的なチャンスを狙い過ぎ、なかなかシュートまで至れなかった。エリア内侵入とシュート数のギャップは、攻撃陣の能力と守備陣の能力を測るバロメーターにもなるのだ。

この試合に関しては、エリア内侵入の仕方、エリア内でのドルトムント守備陣の頑張りがバイエルンのエリア内侵入がシュートに繋がらなかった要因と言えるだろう。

POINT 3

1回 リベリのエリア内侵入

●フィニッシャーとアシスト役がわかる

ここまではチームの視点でエリア内侵入を見てきたが、最後に個人に焦点を当ててみたい。対象とするのはバイエルンの両ウイング、ロッベンとリベリだ。右サイドのロッベン、左のリベリはともに高い攻撃力を誇り、しばしば2人を合わせた〝ロッベリー〟という愛称で対戦相手の脅威となっている。利き足とは逆サイドに配されていることから、カットインしてからのシュートという似た役割を任されているように見える2人だが、ドルトムント戦のエリア内侵入を見ると、両者の数字にははっきりとした違いが出ている。

ロッベンが全体トップとなる7回のエリア内侵入を記録した一方で、リベリは開始10分にロッベンのパスからペナルティエリア内に侵入した1回のみ。ロッベンは持ち場の右サイドから得意の高速ドリブルで果敢にペナルティエリアを襲撃したが、89分の決勝点のシーンのようにオフ・ザ・ボールの動きでペナルティエリアを突く意識も高かった。つまり、彼は完全なフィニッシャー役を担っていたわけだ。

一方、リベリは左サイドでチャンスの起点となり、しばしば中央に流れて味方アタッカーにラストパスを供給したものの、自らペナルティエリア内に侵入する意識は低かった。バイエルンは1トップにストライカーのマンジュキッチ、2列目の中央にはシャドーストライカーのミュラーがおり、それぞれ6回のエリア内侵入を記録している。しかも、右からはロッベンが積極的なドリブルや飛び出しでペナルティエリアに入ってくる。

本来のリベリはもっとゴール前への飛び出しを狙っているイメージがあるが、少なくともこの試合では味方アタッカーとのバランスや役割を考え、左サイドやペナルティエリアの手前からのチャンスメイクに徹していた。

誰がエリア内侵入していたかを見れば、前線のアタッカーの役割やそのチームの戦術的な狙いを理解することもできるのだ。

結論

- エリア内侵入はカウンターチームの機能性を測る指標になる
- エリア内侵入とシュート数のギャップが生まれるのには３つの理由がある
- 個人データを見れば、前線のアタッカーの役割やチームの戦術的な狙いがわかる

2-4
[プレー効率]
PLAY EFFICIENCY

トップ下は、なぜ試合から消えるのか？

●印象論で語られやすいトップ下の真実を暴く

トップ下はサッカーの〝花形〟とも言えるポジションだが、敵に囲まれやすい中央が主なプレーエリアとなるため、うまくボールを受けられず、試合から消えてしまう時間帯も少なくない。コンパクトな守備ブロックが一般化した現代サッカーにおいて、中央のバイタルエリアは最も守備側のプレッシャーを受けやすいゾーンだ。厳しいマークをかいくぐってボールをさばき、決定的なパスやシュートに結びつけることに彼らの存在意義はある。

とはいえ、「攻撃に絡んでいた」、あるいは「試合から消えていた」といった評価は数字に表れないため、印象論で語られることが多い。そこで1人の選手がいかにゲームに関与していたのかを客観的なデータで表すために考案したのが「プレー効率」だ。試合ごとのプレー時間からパス成功とシュートの合計値を割り、何分何秒に1回効果的なプレーをしたのかを算出した。

【プレー効率の計算式】

プレー時間÷（パス成功＋シュート）

例えば、90分出場して40回のパス成功、3本のシュートを記録した選手の場合は90÷（40＋3）＝2・09で、下二桁の小数点を60秒に換算すると5秒になる。よって、プレー効率は2分5秒（に1回攻撃に絡んでいる）。時間が少なければ少ないほど、頻繁に攻撃に絡んでいるというわけだ。

今回比較の対象とするのは12－13シーズンのUEFAチャンピオンズリーグでベスト4に進出したバルセロナ、レアル・マドリー、バイエルン、ドルトムントの4チームのトップ下だ。それぞれのプレー効率をラウンド16から準決勝までの計6試合で集計し、その平均値を算出した。

【対象選手】
アンドレス・イニエスタ（バルセロナ）
メスト・エジル（レアル・マドリー）
マリオ・ゲッツェ（ドルトムント）
トーマス・ミュラー（バイエルン）

【表】12-13 CL ベスト4進出クラブ トップ下の「プレー効率」※

「リンクマン型」トップ下

Andrés INIESTA

アンドレス・イニエスタ
(バルセロナ)

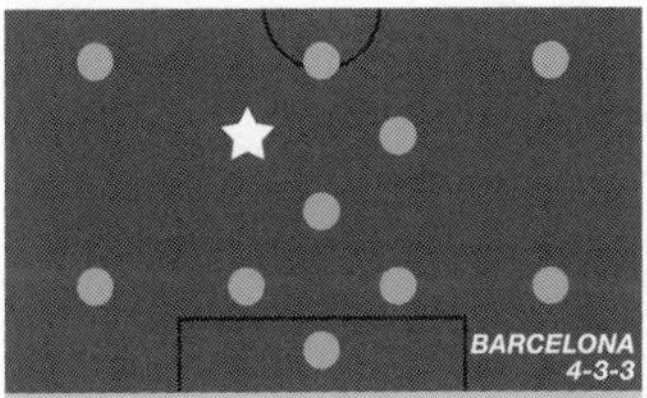

プレー効率

1回／1分19秒

パス成功	シュート
397本	12本

「プレーメイカー型」トップ下

Mesut ÖZIL

メスト・エジル
(レアル・マドリー)

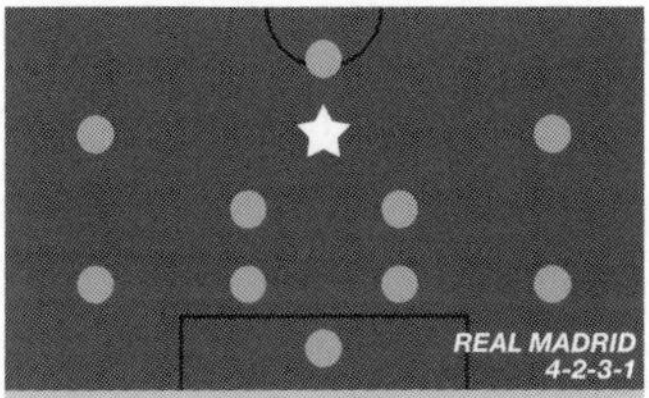

プレー効率

1回／1分56秒

パス成功	シュート
260本	5本

「ドリブラー型」トップ下

Mario GÖTZE

マリオ・ゲッツェ
(ドルトムント)

プレー効率

1回／2分8秒

パス成功	シュート
207本	11本

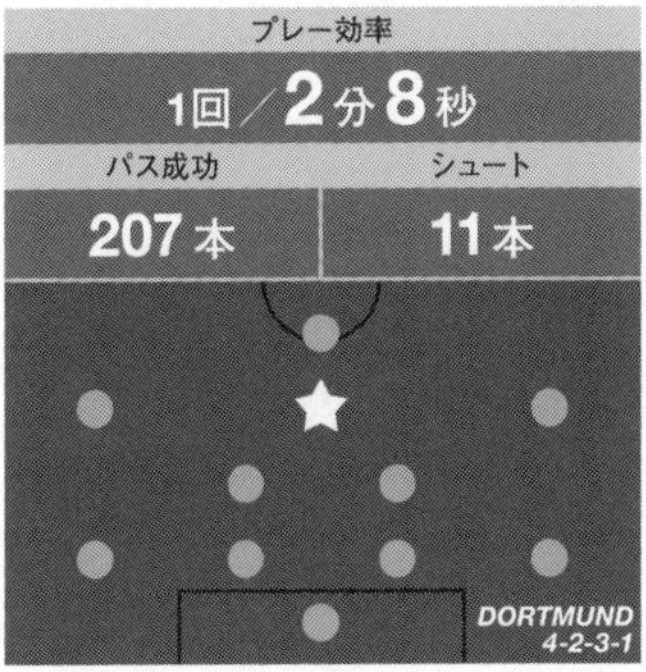

「フィニッシャー型」トップ下

Thomas MÜLLER

トーマス・ミュラー
(バイエルン)

プレー効率

1回／3分14秒

パス成功	シュート
145本	20本

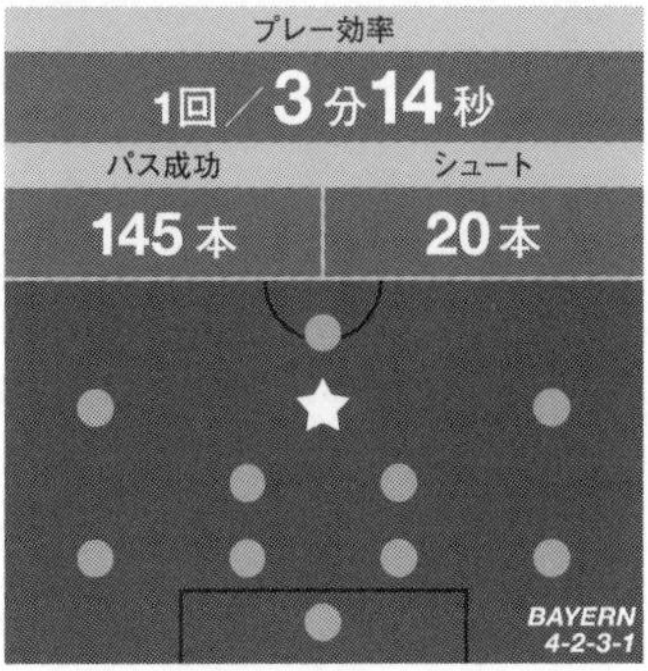

※プレー効率＝プレー時間÷（パス成功＋シュート）
ラウンド16、準々決勝、準決勝（ホーム&アウェイ）6試合の合計スタッツ

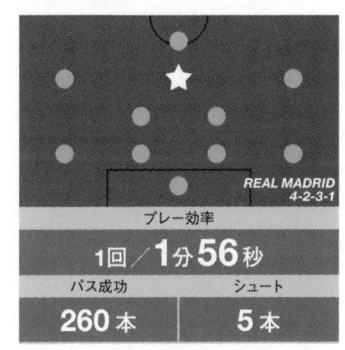

POINT 1

１分19秒 イニエスタのプレー効率

● パス優先か、シュート優先か

４人の中で最もプレー頻度が高かったのはイニエスタの１分19秒で、残る３選手を大きく引き離す結果となった。他の選手が主に４－２－３－１のトップ下を担うのに対し、イニエスタは４－３－３の「インナーハーフ」と言われる逆三角形の中盤の攻撃的なポジションを務める。中盤で横に並ぶシャビやアンカーのブスケッツとトライアングルを形成し、彼らと守備のプレッシャーを分散させながら、多くのパスをさばいて攻撃のリズムを作っている。

イニエスタが記録したパス成功は３９７本と、他３人を圧倒している。チームのボール支配率が高く、それだけ攻撃時間が長いことも影響しているが、中盤の高めの位置を基本ポジションとしながら、ゲームメイクとチャンスメイクの両方に参加する。そうしたプレースタイルがプレー効率を高めているのだ。

プレー効率が1分56秒のエジルと2分8秒のゲッツェもチーム内の司令塔役を担っているが、レアル・マドリーとドルトムントは堅守速攻のスタイルゆえにダイレクトパスや縦方向にチャレンジするリスクの高いパスが増える傾向がある。シャビのおかげでプレッシャーが分散するイニエスタに対して、単独トップ下のエジルとゲッツェは相手からのマークが集中するためボールを持てる回数も限られる。例えば、エジルはドルトムントと対戦した準決勝の第1レグで48回のパスを出したものの、パス成功は32回にとどまり、パス成功率は67%。この数字はチーム平均の72%を下回っている。

4人の中で最下位の3分14秒にとどまったミュラーは、ラウンド16の2試合では右ウイングに配置されていた。しかし、準々決勝ユベントス戦の第1レグでトップ下を務めていたトニ・クロースが早い時間帯に負傷退場したため、2列目の中央にスライドし、続く第2レグまでそのままトップ下に入っている。そこで6試合の合計だけでなく、トップ下に移った準々決勝からの4試合に限定してのプレー効率も出してみたが、3分13秒とほぼ数字は変わらなかった。この結果は、ミュラーのプレースタイルが他の3選手と大きく違っていることを示している。

プレー効率は4人の中で最下位のミュラーだが、シュートは断トツの20本を記録。それが6試合で5得点、トップ下に移った準々決勝からの4試合で4得点という結果に反映されている。シュートに限定して算出すると、26分39秒。2位のゲッツェが42分11秒だから、ミュラーがいかに高い頻度でシュートを放っているかがわかる。

参考までに、バイエルンの左ウイングを務めたリベリのプレー効率は平均2分7秒で、ドルトムントでトップ下を担うゲッツェとほぼ同じだった。ミュラーはチャンスメイクを左サイドのリベリやボランチのシュバインシュタイガーに任せ、シャドーストライカーとしての役割に徹していた。つまりポジティブな意味で、「試合から消えていた」ことになる。

ちなみに、準々決勝第1レグで負傷したトニ・クロースは2分0秒のプレー効率だった。彼がトップ下に入った場合は、中央がチャンスメイク役を担い、ウイングがフィニッシャー役に変わる。一口にトップ下と言っても個人のプレースタイルやチーム内での役割に違いがあるため、単純にプレー効率で優劣をつけるのは危険だということだ。

POINT 2

3分14秒
準々決勝第2レグでのエジルのプレー効率

シャドーストライカーの評価基準とは？

４人のトップ下のプレー効率を比較すると、プレースタイルやチーム戦術によってボールに絡める頻度に大きな差が出ることがわかった。それを踏まえて、今度は同じ選手の試合ごとの変動を見ていくと、選手によってはかなりのバラツキがあった。

最も差が大きかったのはエジルで、準々決勝ガラタサライ戦第２レグで３分14秒。平均値の１分56秒と比べて１分18秒も増えている。それだけ「試合から消えていた」ということだ。１分57秒だった準々決勝第１レグと比較してみると、パス成功が40から25に減り、しかも、パス成功率が75％から61％に急下降。なぜ、エジルは試合から消えたのか？

ホームの第１レグで３－０と勝利したレアル・マドリーは第２レグで守備のラインを下げ、前がかりで猛攻を仕掛けるガラタサライを迎え撃つゲームプランに変更した。もともと堅守からのカウンターを得意とするレアル・マドリーだが、いつも以上に縦に速いシンプルな攻撃で対抗する構図になったため、チームのパス成功も第１レグの４０８から３０６にまで激減している。

　ここでエジルとともにプレー効率を大きく落としたチームメイトが、ボランチでドイツ代表の相棒でもあるケディラ。第１レグは43回のパス成功を記録し、プレー効率は2分5秒だったが、第2レグは4分5秒と、ほぼ倍になっている。ケディラからの縦パスが減少したことが、エジルが高い位置でなかなかボールに触れない結果に繋がったと言える。

　加えてチーム全体が攻撃に人数をかけなかったことで、エジルがボールを持ってもパスを出す相手は限られていた。この試合自体は３－２で敗れたものの、第１レグの大量リードを守り抜いたレアル・マドリーはトータルスコア３－５で危なげなく準決勝進出を決めている。特に攻める必要がないゲームであり、トップ下のエジルはチーム戦術の犠牲になったわけだ。

　プレー効率は同じポジションの選手同士を客観的に比較する場合に有効なデータだが、試合ごとの選手個人のパフォーマンスを評価するのにも役立つ。もちろん、その結果は――エジルがケディラのプレー効率の低さに引っ張られたように――周囲のパフォーマンスにも大きく影響されるため、チームが置かれた状況なども加味して検証することをお勧めしたい。

結論

- ポゼッションチームのトップ下はカウンターチームのそれよりもプレー効率が高くなりやすい
- シャドーストライカーにとって、「試合から消えること」は必ずしも悪いことではない
- トップ下にパスを供給する選手のプレー効率が下がれば、トップ下のプレー効率も下がる

2-5
[GKフィード]
GOALKEEPER FEED

蹴るか投げるかで
何が変わってくるのか？

カシージャスはフィードが下手？

90年代のバックパスルールの変更（味方からのバックパスを手で扱えなくなった）以降、ＧＫにはフィールドプレーヤーと同レベルの足技が求められるようになった。最近では味方からのバックパスを直接フィードする場面も増え、攻撃の起点として後方でのパス回しに組み込まれることも多くなっている。単に派手なセービングでチームを救うだけでは、もはや名キーパーとは評価されない時代になったということだ。

12－13シーズンのスペインリーグでレアル・マドリーを率いていたモウリーニョ監督は、スペイン代表の第一ＧＫであるカシージャスが負傷から復帰してきたにもかかわらず、冬にセビージャから獲得したスペイン人ＧＫのディエゴ・ロペスを重宝して地元ファンの多くから批判を浴びた。

モウリーニョの主張は、次のようなものだった。「足下の技術が高く、空中戦を支配できるＧＫが私の好みだ」。チェルシーではチェフ、インテルではジュリオ・セーザルという、足下の技術に優れたＧＫにゴールマウスを預けていたが、レアル・マドリーで長らく守護神を務めていたカシージャスはパス回しに加わるプレーをあまり得意としていない。

ただ、カシージャスのフィード傾向を見ると、キックよりもスローで味方に繋ぐ場面が多く目につく。現在のルールではバックパスを手で扱うことはできないが、相手のクロスをキャッチした直後などは蹴るか投げるかという選択肢が発生する。その際、彼はスローを選択する傾向が強いタイプなのだ。ＧＫフィードは足下のうまさだけで語られることが多いが、当然スローの技術も含まれる。キックの上手い下手といった印象論だけで語るのは意味がない。そこでデータを用いて、次の２つについて考えてみたい。

①ＧＫフィードが攻撃にもたらす影響

②蹴るか投げるかで何が変わってくるのか？

サンプルとして用いるのは、08－09シーズンのＵＥＦＡチャンピオンズリーグのラウンド16、リバプール対レアル・マドリーの第２レグ。レアル・マドリーはカシージャス、リバプールはレイナというスペイン代表のＧＫ対決である。レイナは世界的に見ても足下の技術が高いＧＫの一人と評価されており、キックの正確性に定評がある。セービングやフィールディングに優れるものの、フィード能力が疑問視されるカシージャスとの比較にはうってつけと考えた。

【表】カシージャスとレイナのGKフィード比較

08-09 CHAMPIONS LEAGUE Round of 16 2nd leg
2009.3.10/ Anfield - Liverpool

LIVERPOOL (ENG) 4-0 REAL MADRID (ESP)

Iker CASILLAS

イケル・カシージャス
(レアル・マドリー)

GKフィードの回数と成功率		
実行	成功	成功率
19	15	79%

◆ GKフィードの内訳

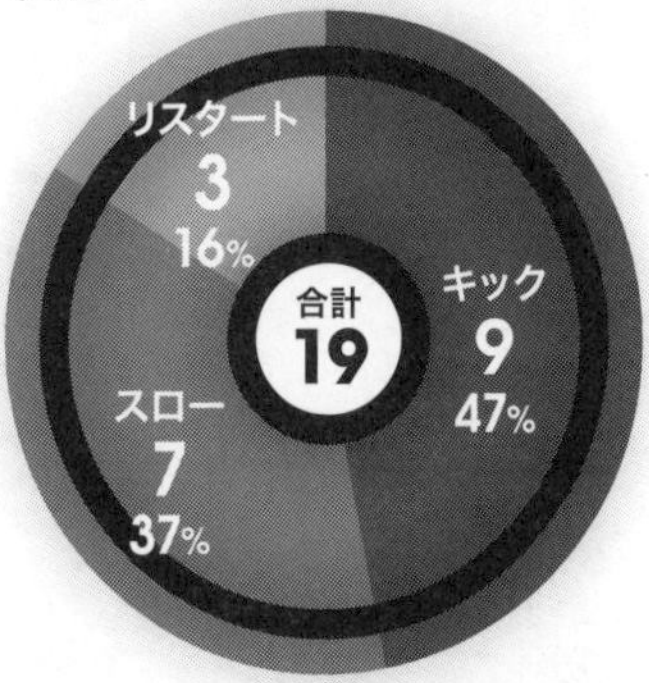

◆「キック」「スロー」の回数と成功率

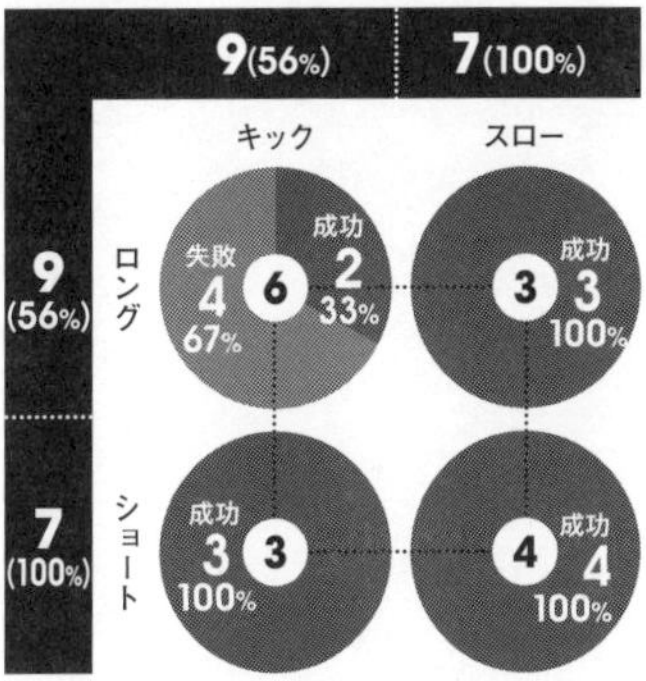

※リスタートとバックパスは除く。カッコ内は成功率

Pepe REINA

ペペ・レイナ
(リバプール)

GKフィードの回数と成功率		
実行	成功	成功率
39	21	54%

◆ GKフィードの内訳

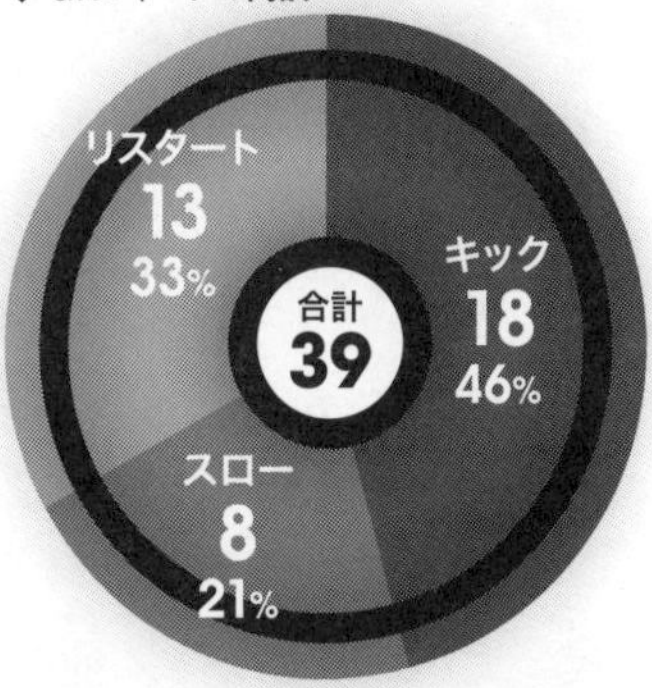

◆「キック」「スロー」の回数と成功率

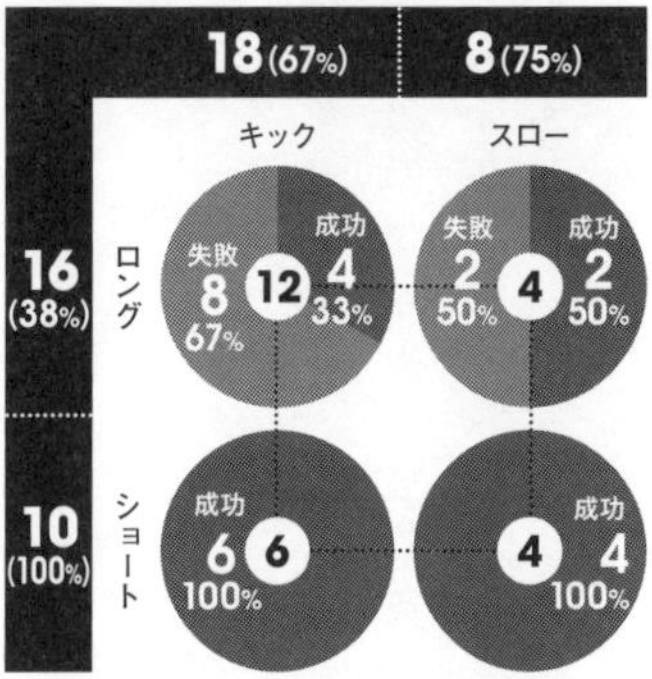

※リスタートとバックパスは除く。カッコ内は成功率

POINT 1
54% レイナのGKフィード成功率

成功率だけでは測れない価値

まずは①のテーマ「GKフィードが攻撃にもたらす影響」から検証してみよう。

それぞれのGKフィードの実行回数と成功率を集計してみると、驚きの結果が出た。フィードの名手と認められるレイナだが、全39回中で成功はなんと21回（54%）のみ。対するカシージャスはフィードの数こそ19回と少ないが、そのうち15回（79%）を成功させている。

主な理由は2つ。実は、成功の基準を単純に味方が先に触った回数で集計した場合、レイナのフィード成功数は29回（74%）に跳ね上がる。つまり、残り8回はその後のルーズボールを敵選手に拾われてしまったのだ。一方のカシージャスは、味方が先に触ったすべてのケースでマイボールになっている。これは両者の戦術プランの違いが反映された結果と言える。

攻守にわたってボール周辺に人が集まるレアル・マドリーに対し、リバプールは自陣の守備を固めながら、いざ前線の選手が前を向いてボールをキープできれば、一気に攻撃に人数をかけていく。こぼれ球を拾う確率を上げるよりも、敵にボールが渡った場合のリスクに備えて自陣を固めていたのだ。レイナの成功率が下がったカラクリは、キック自体は１トップのフェルナンド・トーレスに正確に届いているものの、ターゲットマンが前線で孤立しているので、その後のこぼれ球をキープできなかったということだろう。

ＧＫフィードの種類をさらに詳細に分析するために、距離によって【ロングフィード】と【ショートフィード】に分類した。レイナは合計26回の【ロングフィード】を実行し16回（62％）の成功を記録しているのに対し、カシージャスのそれは9回と少なく、成功も5回（56％）しかない。つまり、自陣からビルドアップするスタイルのレアル・マドリーは長いボールを蹴ることを想定していないということだ。ロングボールを多用する堅守速攻型のリバプールとのスタイルの違いが反映された結果だろう。ちなみに、【ショートフィード】を実行した場合の成功率は、両者とも１００％と完璧だった。

【ロングフィード】を選択した割合が多いほど、全体の成功率が下がるのは当然の流れだ。それならばＧＫはなるべく【ショートフィード】を選択した方がいいと考える人もいるだろうが、レイナのフィードからは3回の決定的なチャンスが作られたのに対し、カシージャスは0回だった。この事実からも、成功率の高さが必ずしもGKフィードの有効性とイコールではないことがわかる。

POINT 2
37% カシージャスがスローする割合

●蹴るか投げるか。GKフィードの優先順位とは？

それでは、いよいよ②のテーマ「蹴るか投げるかで何が変わってくるのか?」を探りたい。GKフィードの総数からリスタート（ゴールキック、オフサイド後のGKが蹴るキック）と手で触れられないバックパスを除いた、純粋に「蹴るか投げるか」を選択できるケースに絞り、あらためてデータを算出した。

カシージャスは、選択機会11回中スローは7回（64％）。一方でキックの名手レイナも15回中8回（53％）と、カシージャスほどではないものの手で投げるシーンの方が多かった。その理由は、単純にスローの方がマイボール率が高いからだろう。カシージャスは7回のスローをすべて成功。レイナは2回の失敗を記録したが、そのうちの1回は受け手であるフェルナンド・トーレスのトラップミスによるものだった。

ここで確認しておきたいのは、スローとキックの選択には優先順位があること。一番上はカウンターを狙うためのロングスロー、これはＧＫがキャッチした時の味方の状態が大きく影響している。カシージャスは3回のロングスローを実行したが、すべてハーフライン付近でフリーの味方に通している。蹴るよりも投げる方が正確なボールになるのは言うまでもない。それに加えて、ターゲットとなる選手がフリーなのだから失敗するリスクはほとんどない。

言い換えれば、失敗する可能性が高そうであれば、スローは選択しないということだ。遠い位置にフリーの味方がいなければ、近い位置の味方に預けることになる。ということで、ＧＫの次の選択肢はショートスローとなる。

【ショートフィード】はキックもスローも成功率が高いが、キャッチしたボールは足下に置いて蹴るよりＤＦに素早く預けられるスローの方が速やかに攻撃に移行できる。実際にカシージャスはキャッチ後に【ショートフィード】の場面が４回あったが、そのすべてのケースでスローを選択していた。それが難しければショートのキックフィード、そのすべての選択肢がなくなった後にロングのキックフィードという順番になる。カシージャスのロングのキックフィードの成功率は６回中２回の33％で、ここまでくるとほぼ相手ボールになることを覚悟しなければならない。

ＧＫフィードと言えば「蹴る」ことをイメージしがちだが、実際は優先順位の上にあるのは成功率が高い「投げる」ことだ。カシージャスはキックが得意なＧＫとは言えないが、素早い状況判断でスローに繋げることで、レイナ以上のフィード成功率を記録している。ＧＫフィードは足下の技術だけでなく、視野の広さや肩の強さといったフィードに必要とされる要素を総合的に見て評価すべきだ。

結論

・【ロングフィード】は成功率が低いものの、決定機に繋がることがある
・GKフィードの優先順位は「ロングスロー」→「ショートスロー」→「ショートキック」→「ロングキック」
・GKフィードの得手不得手は、キックのみによって決まらない

2-6
[ビルドアップ]
BUILD UP

センターバックとサイドバック。
組み立ての起点はどっち？

●パスの種類が表すビルドアップの意図

攻撃のビルドアップに関してDFラインが重要な役割を担っているのは、もはや世界の多くのチームの共通認識だろう。しかし、センターバックとサイドバックのどちらがパス回しの起点になるのかまでは、突き詰めて語られることは少ない。

本来ビルドアップとは攻撃の組み立て全般を表現するワードだが、ここではDFラインからのパス出しに限定する。それでは実際にセンターバックとサイドバックでは、どちらがビルドアップの主導権を握っているのだろうか？

UEFAチャンピオンズリーグに関しては公式サイトで、種類別のパス本数を見ることができる。その際の分類は【ショートパス】【ミドルパス】【ロングパス】の3つ。おおよその理解としては、次のように考えればイメージしやすいだろう。

【ショートパス】すぐ近くの味方に出すパス（0～10m）
【ミドルパス】やや離れている味方に通すパス（10～20m）

【ロングパス】遠方の味方に送り届けるパス（20ｍ～）

これら3種類のパスの比率によって、各チームのビルドアップの傾向が見えてくるはずだ。今回サンプルとするのは10－11シーズンのＵＥＦＡチャンピオンズリーグのグループステージ第2節、アヤックス対ミラン。結果的には1－1で引き分けた試合だ。

このカードを選んだ理由は、アヤックスが伝統的にＤＦラインからのビルドアップにこだわるクラブであること、一方のミランがオーソドックスな4バックシステムを採用していること、そして何より両クラブのセンターバック4人が非常に高い足技の技術を持っていることの3つだ。異なるサッカースタイルでプレーする優れたＤＦを比較することで、ビルドアップにおけるセンターバックとサイドバックの役割の違いが理解できるのではないか？

両チームのＤＦラインの並びは次の通り。

アヤックス
右サイドバック：ファン・デル・ウィール
右センターバック：アルデルワイレルト

左センターバック：フェルトンゲン
左サイドバック：アニータ（38分→エマヌエルソン）
※アニータが負傷交代し、エマヌエルソンが中盤からポジションを移した。

ミラン
右サイドバック：ザンブロッタ
右センターバック：ネスタ
左センターバック：チアゴ・シウバ
左サイドバック：アントニーニ

【表】アヤックスvsミランのDFラインによるビルドアップ

10-11 CHAMPIONS LEAGUE Group Stage Match Day 2
2010.9.28 / Amsterdam ArenA - Amsterdam

AJAX (NED) 1-1 MILAN (ITA)

◆ CBとSBのパス本数比較

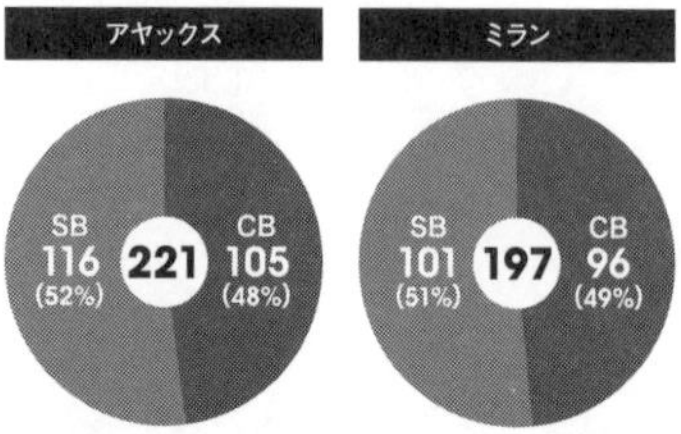

◆ CBの距離別パス本数

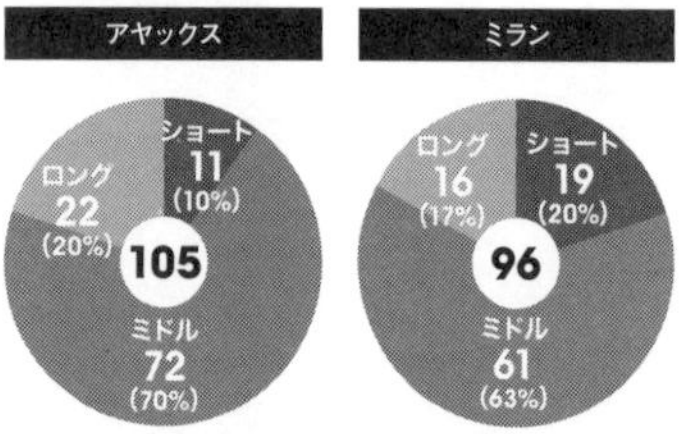

◆ SBの距離別パス本数

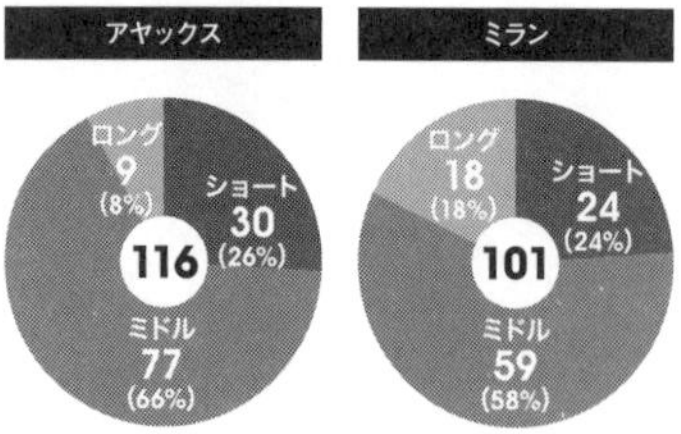

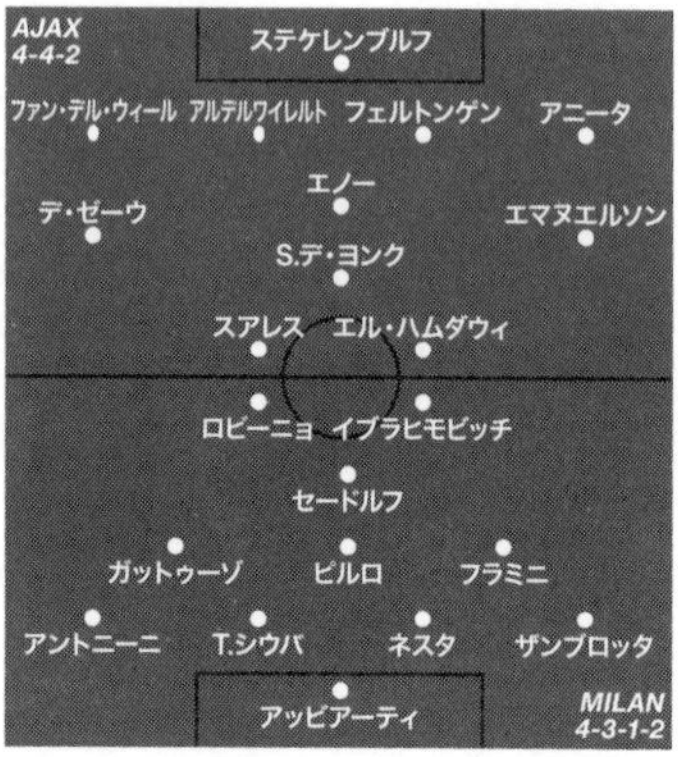

◆ DF個人の距離別パス本数

	アヤックス	総数	ショート	ミドル	ロング
SB	ファン・デル・ウィール	59	17	40	2
SB	アニータ（～38'）	17	3	10	4
SB	エマヌエルソン(38'～)	40	10	27	3
CB	アルデルワイレルト	61	4	40	17
CB	フェルトンゲン	44	7	32	5

	ミラン	総数	ショート	ミドル	ロング
SB	ザンブロッタ	46	10	25	11
SB	アントニーニ	55	14	34	7
CB	T. シウバ	52	10	32	10
CB	ネスタ	44	9	29	6

POINT 1

30本

アヤックスのサイドバックの【ショートパス】

● アヤックスはサイドバック、ミランはピルロ

アヤックスから見ると、チーム全体のパスは５５９本。うちＤＦラインは２２１本で、割合にして約40%に相当する。センターバックとサイドバックで分けると、センターバックは１０５本、サイドバックは１１６本と大きな差は出なかった。一方、ミランは全体が５１５本で、ＤＦラインは１９７本（全体に占める割合は38%）。そのうちセンターバックは96本、サイドバックが１０１本だった。

数値を比較する限り、アヤックスとミランの間でそれほど大きな違いはなかったことがわかる。試合を見ても、両チームとも一発の【ロングパス】に頼るスタイルではなく、最終ライン間でパスを回しながら相手の守備を揺さぶり、機を見て縦にボールを入れていた。そのため全体のパス本数、その中のＤＦラインが占める割合に大きな違いは表れなかったのだろう。

ところがパスの距離別に見ていくと、両者にははっきりとした違いがあった。アヤックスの場合、サイドバックがセンターバックの3倍近い30本の【ショートパス】を記録しているのに対し、【ロングパス】は9本でセンターバックの22本を大きく下回っている。一方のミランは、センターバックとサイドバックの間で大きな特徴の違いはなかった。

アヤックスはセンターバックとサイドバックに明確なスタッツの偏りが出たが、ミランはほぼ均等な役割分担になっていた。この傾向の違いを読み解くには、実際にピッチ上で起こっていた出来事にフォーカスする必要がある。

アヤックスは、サイドバックの積極的な上がりを絡めたサイド攻撃を基本にしている。しかもこの日はミランが実質的な2トップを敷き、前からの守備が中央に偏っていたため、サイドバックは比較的フリーになりやすかった。自身の手前にあるスペースを利用して自由に中盤の位置まで上がり、主体的にパス交換に絡みサイドを崩す。つまり、ビルドアップの起点はサイドバックで、センターバックはパス回しに詰まった時に大きく蹴る役目だったと言える。

逆にミランは、センターバックとサイドバックがDFラインでボールを回しながら【ショートパス】で中盤底のピルロに預けるか、前線のイブラヒモビッチを目がけて【ロングパス】を蹴るかの二択。これはＤＦラインの４人全員に共通する傾向だった。低い位置から勝負パスを出すのはピルロの仕事なので、センターバックもサイドバックも彼にボールを集めるという役割に違いはない。ちなみに、ミランはセンターラインに特長が明確なタレントがいるので、ショート／ロングの距離を問わず、中央志向のビルドアップになっていた。

センターバックとサイドバックのパス本数やパスの距離を比較すると、そのチームのビルドアップの起点がどこにあるのかを知ることができる。

POINT 2

11本 ザンブロッタの【ロングパス】

●ミランは左【ショートパス】、右【ロングパス】

それでは同じポジション、すなわちセンターバック同士、またはサイドバック同士で役割に違いはあるのだろうか？

ミランのサイドバックを比べると、左のアントニーニのビルドアップは、右のザンブロッタを9本上回る55本。【ショートパス】が多く、【ロングパス】が少ないのが特徴だ。中でも左ボランチのガットゥーゾに7本の【ショートパス】を出したのが目を引く。アントニーニがある程度高めの位置でボールを持った時にガットゥーゾが積極的に受けに来たため、アントニーニは彼に横パスを預けていた。その後はそこからのパス交換でさらに攻め上がるよりは、攻撃陣に任せて守備のバランスを取っていた。

一方の右サイドバックのザンブロッタは最終ラインのボール回しから、右ボランチのフラミニなど中盤の選手を経由するよりも、チャンスと見ればイブラヒモビッチに向けて直接ロングパスを放っていた。また前方のスペースにオーバーラップする場面も何度かあったが、一気に駆け上がるためパス回しにはほとんど絡んでいない。

左のアントニーニは低い位置でショートパスを繋ぎながら後方のパス回しに積極的に絡み、右のザンブロッタはベースポジションからロングボールを入れるか、前方にスペースがあれば駆け上がってのクロスを狙っていた。左サイドを起点にボールを回し、敵が一方のサイドに引きつけられたら右を使う——パスの種類の比較から両サイドバックの役割の違いを見ることで、チームの攻撃パターンを知ることもできるのだ。

センターバック同士ではチアゴ・シウバがネスタを8本上回る52本のパスを数えた。理由は、チアゴ・シウバの方が中盤からのバックパスを受ける頻度が高かったためだろう。その中で【ロングパス】が10本を数えたことは、彼がロングボールの起点として機能していたことを表している。

その一方で、相棒のネスタはビルドアップにおける第二の起点と考えていい。ネスタも攻撃の起点として振る舞うことができるが、自分が突出してチアゴ・シウバの持ち味を消してしまうよりは、横で的確に補佐しながら機を見て長いボールを蹴ることを選択していたことがうかがえる。

同じセンターバックでも、アヤックスのデータはより顕著な差を示した。アルデルワイレルトが17本の【ロングパス】を記録し、フェルトンゲンの５本を大きく上回ったのだ。逆に【ショートパス】に関してはフェルトンゲンの方が多くなっている。アルデルワイレルトは大半の時間帯でＤＦライン上にポジションを取り、持ち前の展開力で縦の【ロングパス】はもちろん、左右へのサイドチェンジも狙っていたのに対し、流れの中で中盤に上がってプレーすることも多いフェルトンゲンは短めのパスで積極的に周囲と絡んでいた。

チームとしてセンターバックやサイドバックに求める役割はあるが、個人のプレースタイルによって同じポジション同士でも違いが出てくるのは興味深い。ＤＦラインからのビルドアップは、なかなかに奥が深いデータだ。

結論

・パス本数やパス距離を調べれば、ビルドアップの起点がわかる
・特に【ショートパス】【ロングパス】の割合が見抜くポイント
・同一チームのセンターバック同士、サイドバック同士でも役割に違いがある

2-7
[攻撃人数①]
NUMBER OF ATTACKERS

「攻守のバランス」を
数値化できる指標

●ブラジル戦とイタリア戦の変化を読み解く

２０１４年ブラジルＷ杯のプレ大会に当たるコンフェデレーションズカップで、ザッケローニ監督率いる日本代表はブラジル、イタリア、メキシコに３連敗を喫した。しかし、ブラジルとの開幕戦と２戦目のイタリア戦では、内容面で大きく違っていた。

ザッケローニ監督は「勇気とバランス」とよく口にする。攻守のバランスを意識しながら、チャンスと見れば勇気を持って攻撃を仕掛ける、という基本コンセプトを表す言葉だ。ブラジル戦では相手を意識するあまりボールは持っていても、勇気のある攻撃を繰り出すことができなかった。

ところが、イタリア戦では高い位置からボールを奪いに行き、そこから積極的な攻撃で守護神ブッフォンを擁する強豪から２点を先制。結局３－４で敗れたものの最後まで接戦を演じ、イタリア側の関係者やメディアからも日本の戦いを賞賛する声が多く聞かれた。日本がブラジル戦よりも攻撃的だったことは一目瞭然だが、その変化をデータで明確に知る方法はないか？

【表1】コンフェデ杯 日本vsブラジルの攻撃人数

2013 FIFA CONFEDERATIONS CUP Group Stage Match Day 1
2013.6.15 / Estadio Nacional – Brasilia

JAPAN 0-3 BRAZIL

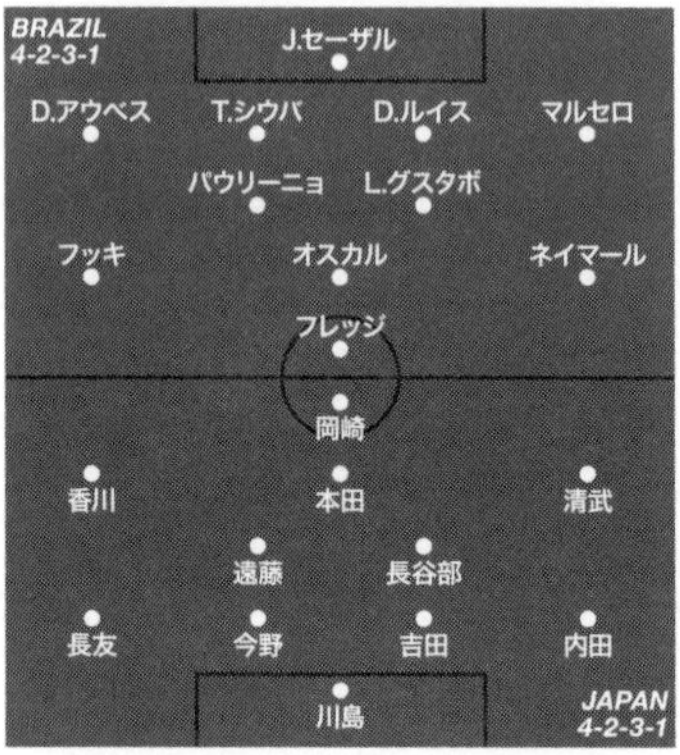

日本

平均攻撃人数 **4.9**人

	名前	攻撃参加	攻撃参加率
FW	岡崎	9	100%
MF	香川	9	100%
MF	本田	7	78%
DF	長友	6	67%
MF	清武	5	56%
FW	前田	4	44%
DF	内田	1	11%
DF	吉田	1	11%
MF	乾	1	11%
MF	遠藤	1	11%

ブラジル

平均攻撃人数 **5.2**人

	名前	攻撃参加	攻撃参加率
MF	オスカル	9	82%
FW	フレッジ	8	73%
MF	パウリーニョ	8	73%
MF	ネイマール	7	64%
DF	D. アウベス	7	64%
MF	フッキ	6	55%
DF	マルセロ	3	27%
FW	ジョー	3	27%
MF	ルーカス	3	27%
MF	エルナネス	2	18%
DF	T. シウバ	1	9%

【表2】コンフェデ杯 日本vsイタリアの攻撃人数

2013 FIFA CONFEDERATIONS CUP Group Stage Match Day 2
2013.6.19 / Arena Pernambuco – Recife

JAPAN 3-4 ITALY

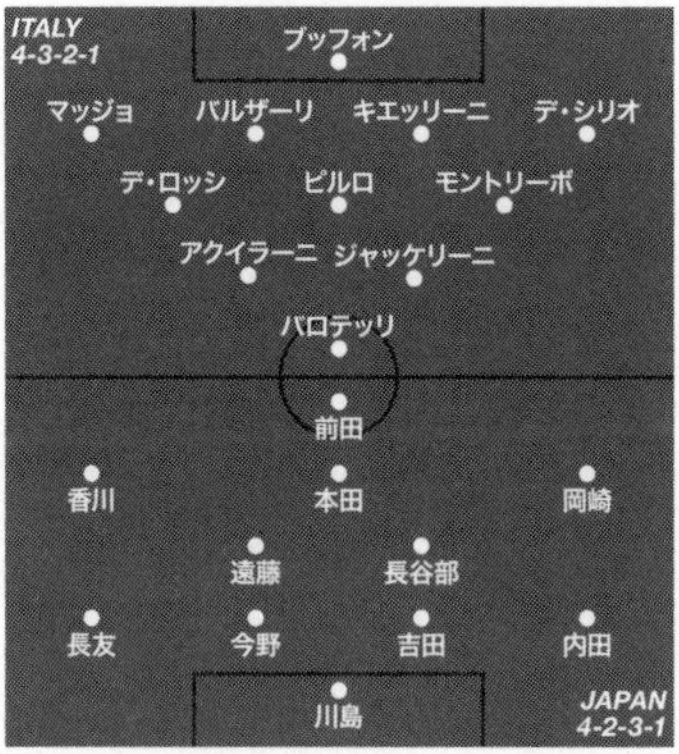

日本

平均攻撃人数 **5.7**人

	名前	攻撃参加	攻撃参加率
MF	岡崎	12	100%
MF	香川	12	100%
MF	本田	12	100%
FW	前田	10	83%
DF	長友	7	58%
MF	遠藤	3	25%
DF	吉田	3	25%
FW	ハーフナー	2	17%
MF	長谷部	2	17%
DF	今野	2	17%
DF	酒井宏	1	8%

イタリア

平均攻撃人数 **4.8**人

	名前	攻撃参加	攻撃参加率
FW	バロテッリ	9	100%
MF	ジョビンコ	8	89%
MF	ジャッケリーニ	7	78%
MF	モントリーボ	5	56%
MF	デ・ロッシ	5	56%
MF	ピルロ	2	22%
DF	デ・シリオ	2	22%
DF	マッジョ	2	22%
MF	マルキージオ	1	11%

そこで提案したいのが攻撃人数だ。流れの中でシュートを放った瞬間、フィニッシャーに加えて何人の味方選手がアタッキングサード（＝フィールドを3分割したエリアのうち相手ゴール側のゾーン）まで上がっていたかをカウント。1回当たりの平均値をその試合の攻撃人数とした。ブラジル戦とイタリア戦の攻撃人数を比較すれば、「攻守のバランス」の変化をシンプルに数値化することができるはずだ。

POINT 1

0.8人

ブラジル戦とイタリア戦の攻撃人数の差

「約1人」の差は、なぜ生まれたのか？

日本はブラジル戦で流れから9本のシュートを記録。平均の攻撃人数は4・9人だった。シュートを打った時に、だいたい5人の選手がアタッキングサードまで攻め上がっていたということだ。それに対してイタリア戦の攻撃人数は5・7人。攻撃人数が約1人分増えているのだ。

日本のフォーメーションは２試合とも同じ４－２－３－１だったが、攻撃人数に含まれた選手の数をカウントしてみると、ブラジル戦では１トップの岡崎と左サイドＭＦの香川が９回のすべてに参加し、51分に清武と交代した１トップの前田も出場していた時間帯ですべてのシュートシーンに参加。トップ下の本田も乾と交代するまでの88分間で８回中７回に参加している。

イタリア戦でも右サイドＭＦの岡崎、トップ下の本田、左サイドＭＦの香川が12回すべてに参加し、１トップに関しても先発した前田と交代で出場したハーフナーを合わせると12回になる。日本の攻撃人数のうち４人は１トップと２列目３人の攻撃陣でほぼ固まっており、劣勢だったブラジル戦でも彼らは常にアタッキングサードにいた。

つまり、ブラジル戦ではその４人プラス１人が攻撃に顔を出し、イタリア戦ではプラス２人近くが攻め上がっていたことになる。

攻撃人数に関係するデータとしてはボール支配率が挙げられる。ブラジル戦における日本のボール支配率は39％だったが、イタリア戦では54％まで上がっている。中盤でボールを持てる分、後ろの選手に攻撃参加する時間が与えられるのは必然の流れだ。ボール支配率の上昇に伴って、プレーエリアが高くなれば走る距離も短くなる。

ボール支配率と攻撃人数は密接な関係にあるが、「ボールを持てないこと＝攻撃人数の少なさ」では決してない。ブラジル戦後に選手やザッケローニ監督が主張したのは、多くの場面で積極性を欠き、攻撃に厚みをつけられなかったこと。ボールを奪った後にブラジルの攻撃力を恐れて上がることができなかった。指揮官の言葉を借りれば、「勇気とバランス」の「勇気」を発揮できなかったということだ。

ブラジル戦の消極的なメンタルを反省し、イタリア戦では強気な攻撃参加が目立った。それが相手を押し込むこと、ボール支配率の向上に繋がったという見方もできる。

POINT 2

8回 パウリーニョ（ブラジル代表ボランチ）の攻撃参加

● 後方から誰が上がるかは相手次第

ここまで見てきたように、前線の選手はほぼ全員が攻撃参加しているケースが多い。つまり、後方選手の上がりが攻撃人数を決定づけることになる。それでは具体的に、ブラジル戦とイタリア戦ではどの選手がどれだけ中盤、あるいはＤＦラインからアタッキングサードに顔を出していたのか？

それを読み解くためには相手の攻撃人数にも注目する必要がある。

まず日本の攻撃人数を選手単位で見てみよう。ブラジル戦では左サイドバックの長友が６回の攻撃参加を記録したが、右サイドバックの内田は１回のみで、ボランチの遠藤も１回。残りはセンターバックの吉田がセットプレーの流れで前に攻め残っていた71分の１回で、もう１人のボランチである長谷部は一度も攻撃参加がなかった。

日本のボランチの攻め上がりを抑制していたのが、対面するブラジル代表ボランチのパウリーニョだ。ブラジルは流れの中から11本のシュートを記録したが、パウリーニョはそのうちの８本に名を連ねている。相棒のルイス・グスタボは攻撃参加が一度もなく、ブラジルのボランチは攻守の役割がはっきり分かれていたことがわかる。

ブラジルのフォーメーションは、日本と同じ4－2－3－1。ボランチのパウリーニョに常に高いポジションを取られることで、相手の前線は実質5人となり、日本が数的優位を確保するためには6人が必要になる。そのためボランチの遠藤と長谷部は常に深い位置での守備を強いられた上に、攻撃時に前に出ることが大きなリスクになっていた。イタリア戦では遠藤が3回、長谷部が2回とそれぞれ攻撃参加を増やしている。

ボランチとともに攻撃人数のバロメーターになるポジションがサイドバックだ。ブラジル戦においては、右サイドバックの内田が主に左ウイングでプレーしていたネイマールを常にケアしていたため、オーバーラップするチャンスがほとんどなかった。相手の中心人物を内田がしっかりケアすることで、優勢に試合を進めるブラジルの攻撃をかなり限定することができたのは事実だ。しかしながら、その反動で日本の攻撃は左の長友に偏る結果となった。

イタリア戦でも「左サイド偏重」は変わらなかった。長友が12回のうち7回の攻撃参加を記録したのに対し、内田は0回。この試合において内田はネイマールのような特定のウイングとマッチアップしていたわけではないが、ジャッケリーニ、モントリーボ、デ・シリオの左サイドに偏りやすいイタリアの攻撃をケアするためにゾーン気味にスペースを埋めていた。

普段から「左右のバランスが大事」と語る内田は左の長友が高い位置まで攻め上がる分、より深めにポジションを取ってリスクを管理する傾向がある。だからこそ長友の攻撃参加が増えているわけだが、対面の相手次第では思い切って上がる試合もある。味方同士の左右のバランスと同時に、マッチアップする相手との駆け引きにも注目してほしい。

結論

- 攻撃人数を左右するのは「ボール支配率」と「勇気」
- 前線に加わるプラスαが攻撃人数を決めるポイント
- 強力な相手の対面のポジションは相対的に攻撃参加が少なくなりやすい

第3章 サッカーの常識を疑え

Photo: AFLO

3-1
[攻撃人数②]
NUMBER OF ATTACKERS

数字の羅列ではない、
真のフォーメーションとは？

攻撃時のフォーメーションを知る

基本的にフォーメーションとは守備時の配置を表すもので、攻撃に転じればチームの狙いや配置されている選手の得意の形によって自然と変化していく。第２章「データの新機軸」で取り扱った攻撃人数は、攻撃時のフォーメーションを知る鍵にもなる。

攻撃人数とは、シュートを打つ際にアタッキングサードに入っていた選手をカウントし、１試合での平均値を算出したもの。ベースになっているのは前線のアタッカーであり、彼らにプラスして何人の選手がアタッキングサードまで攻め上がっているかがキーポイントになる。

攻撃時のフォーメーションを探る上で、非常に興味深い試合があった。11－12シーズンのＵＥＦＡチャンピオンズリーグのグループステージ第６節、チェルシー対バレンシアだ。ホームのチェルシーが早い時間帯に先制点を挙げ、バレンシアの反撃をしのぎながら２点を加え３－０で勝利。結果、チェルシーの決勝ラウンド進出、バレンシアのグループ３位が決定した。

チェルシーの並びは４－３－３、バレンシアは４－２－３－１。近年のチャンピオンズリーグでは大半のチームがこのどちらかのフォーメーションを採用している。もはやバリエーションはほとんど皆無と言っていい。しかし、一見同じに見えるフォーメーションでも、チームによって戦い方はまったく異なる。既存のフォーメーション表記では、その違いを表せないのだ。

例えば、この試合の攻撃人数を調査するとチェルシーは3・7人、バレンシアは6・1人。実にアウェイチームの方が2・4人も多いのだ。それでは、両チームの攻撃時のフォーメーションは一体どうなっているのか？

POINT 1

72% バレンシアの両サイドバックの攻撃参加率

左右のサイドバックが同時に攻め上がるバレンシア

9本のシュートを放ったバレンシアの中で最も多くの攻撃参加を記録したのが、FWのソルダ

【表】チェルシー vs バレンシアの攻撃人数

11-12 CHAMPIONS LEAGUE Group Stage Match Day 6
2011.12.6 / Stamford Bridge - London

CHELSEA (ENG) 3-0 VALENCIA (ESP)

チェルシー

平均攻撃人数 **3.7** 人

	名前	攻撃参加	攻撃参加率
FW	スタリッジ	8	80%
MF	R. メイレレス	7	70%
FW	ドログバ	7	88%
FW	マタ	7	78%
MF	ラミーレス	2	33%
DF	イバノビッチ	2	20%
FW	F. トーレス	2	100%
DF	D. ルイス	1	10%
FW	マルダ	1	100%

バレンシア

平均攻撃人数 **6.1** 人

	名前	攻撃参加	攻撃参加率
FW	ソルダード	9	100%
MF	ジョナス	9	100%
MF	マテュー	8	89%
DF	バラガン	7	78%
MF	フェグーリ	7	100%
FW	アドゥリス	4	100%
DF	J. アルバ	3	60%
MF	T. コスタ	2	29%
MF	パレホ	2	100%
DF	V. ルイス	1	11%
DF	ラミ	1	11%
MF	アルベルダ	1	11%
MF	P. エルナンデス	1	50%

守備時のフォーメーション

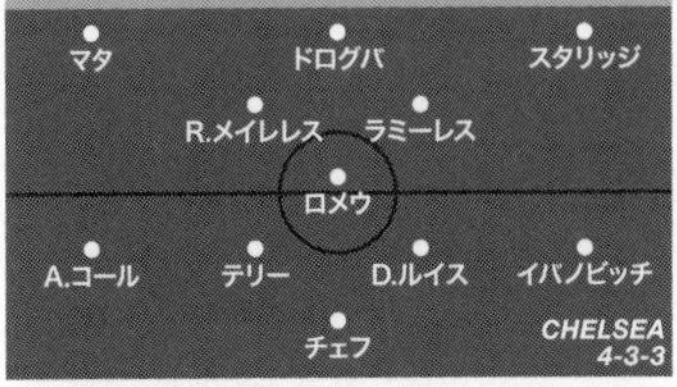

守備時のフォーメーション

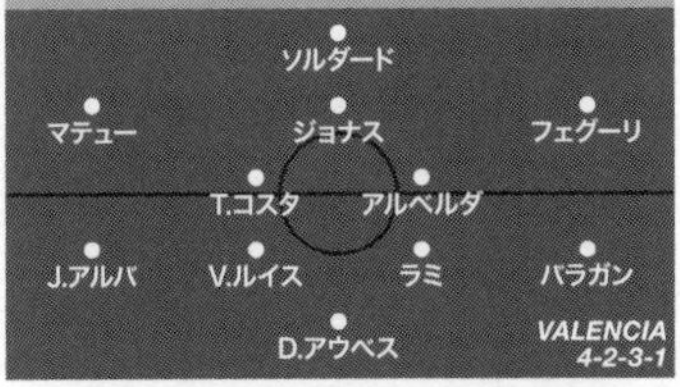

攻撃時のフォーメーション

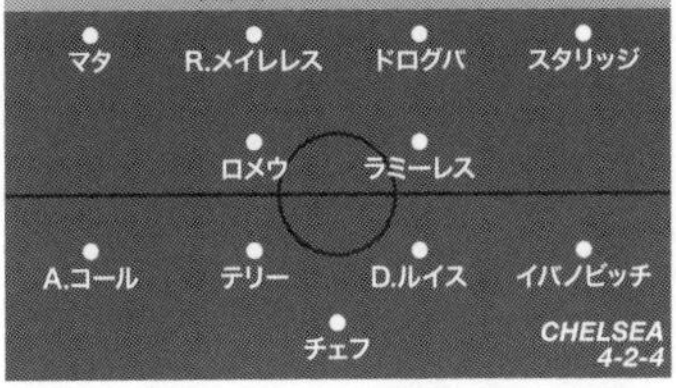

攻撃時のフォーメーション

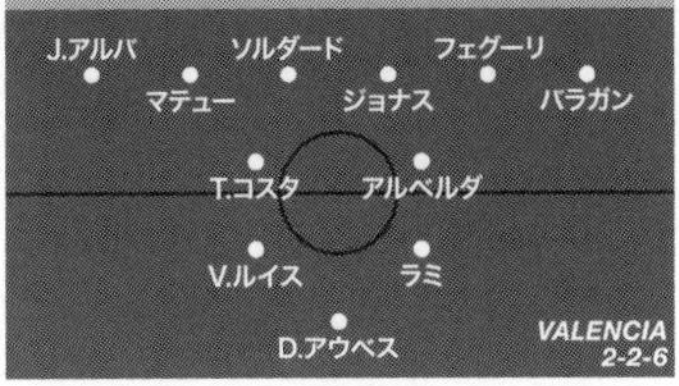

ードとトップ下のジョナスで9回、すなわち100％の攻撃参加率である。また右ウイングのフェグーリも7回ながら、途中交代するまでのすべてのシュート機会に参加していた。左ウイングで先発したマテューも8回の攻撃参加で、残る1回は55分に左サイドバックに下がってからのものだった。つまり、4－2－3－1の前線4人は必ずゴール前にいたと見ていい。

バレンシアの攻撃人数は平均6・1人なので、常に攻撃参加する4人に加えて「2人」が参加していたことになる。

まずダブルボランチを見ると、ティノ・コスタと途中から彼に代わって入ったパレホが2回ずつ、フル出場したアルベルダは1回。ダブルボランチの攻撃参加はすべて合わせて5回（全体に占める割合は28％）にとどまった一方で、サイドバックは右のバラガンが7回、左のジョルディ・アルバが3回、途中から彼に代わりサイドバックに下がったマテューがその後、4回中3回の攻撃参加を記録した。

両サイドバックを平均すると攻撃参加率は72％。9回のすべてにおいて、左右どちらかのサイドバックが参加しており、2人が同時に上がったケースも4回あった。現代サッカーでは後方からの組み立てにおいて、サイドバックが中盤の位置までポジションを上げる傾向は強いが、アタッキングサードで直接チャンスに絡むのは片方で、もう片方は下がり目のポジショニングで守備のバランスを取ることが一般的だ。

しかし、バレンシアは早い時間帯からリードを奪われたこともあり、流れに応じて両サイドバックがアタッキングサードまで進出。サイドバックが積極的に攻め上がった分、ダブルボランチは攻守のバランスを取り、飛び出しを控えていた。

興味深いのは終盤に交代出場したパレホの2回を除き、ティノ・コスタとアルベルダが記録した合計3回の攻撃参加はすべて彼らのミドルシュートで終わっていること。基本的には中盤でパスを展開しながら攻守のバランスを取っていたダブルボランチだが、いざアタッキングサードまで攻め上がれば自らシュートを狙う。そうすることで、カウンターで自分たちが上がった穴を突かれるリスクを回避しようとしたわけだ。

まとめると、バレンシアの攻撃時のフォーメーションは、最後方にセンターバック2枚、中盤はダブルボランチ、そして前線は4人のアタッカーに両サイドバックをプラスした2－2－6の並びと見ることができる。

POINT 2

70％ ラウール・メイレレスの攻撃参加率

●チェルシーの「＋1」を生み出したのは？

10本のシュートを記録したチェルシーの攻撃人数は、バレンシアより2人以上少ない3・7人。つまり、大半の攻撃において3～4人でアタッキングサードを突いていたわけだ。4－3－3の3トップはセンターフォワードのドログバが7回、右ウイングのスタリッジが8回、左のマタが7回。終盤にドログバと交代したフェルナンド・トーレスの2回、マタに代わり投入されたマルダの1回を合わせ、平均83％の攻撃参加率になる。

基本的には3トップの全員が攻撃参加をしていたわけだが、残り1人は主にどのポジションの選手なのだろうか？

結論から言うと、「＋1」の正体は3MFの一角ラウール・メイレレスだ。全体の70％に当たる7回の攻撃参加を記録している。逆三角形の中盤の前2枚、「インサイドハーフ」と呼ばれる攻撃的なポジションを務めるが、この日は早い時間から全体が自陣に引く状況で、かなり守備へ労力を割くことを強いられていた。しかし、いざ攻撃に転じると長い距離を素早く駆け上がり、3トップとともにアタッキングサードでカウンターからのチャンスに絡む。運動量が豊富で、長い距離を走ってもプレーの精度が落ちない持久力は彼ならではだ。

同じくインサイドハーフのラミーレスは2回の攻撃参加にとどまったが、そのうちの1回はドログバのスルーパスに抜け出す形で2得点目に繋がっている。ラウール・メイレレスとのバランスで中盤のリスクを管理しながら、機を見て飛び出していたことがわかる。

バレンシアより平均して2・4人も攻撃人数が少なかったのは、アンカーと呼ばれる中盤の底を担うロメウ（0回）、そしてサイドバックの攻撃参加が少なかったこと（右サイドバックのイバノビッチの2回のみ）が理由だ。特に攻撃的なサイドバックとして知られる左のアシュリー・コールが0回というのは予想外だった。ボール支配率が低く、カウンターが攻撃の中心となる状況下で、サイドバックは攻め上がりを自重していたからだろう。

4バックは固定、中盤3枚からラウール・メイレレスが上がり、3トップ＋1で前線を構成する形だ。つまり、チェルシーは攻撃において、4－2－4のフォーメーションを採っていたことになる。

テレビや雑誌などでよく使われるサッカーのフォーメーション表記は、守備時の並びと考えた方が実情に近い。攻撃人数を調べれば、まったく新しい情報である「攻撃時のフォーメーション」を知ることができるのだ。

結論

- バレンシアの攻撃フォーメーションは2－2－6
- チェルシーの攻撃フォーメーションは4－2－4
- 攻撃人数から攻撃フォーメーションを知れば、チーム内の戦術的役割がわかる

3-2
[ポストプレー]
POST PLAY

ポストプレーヤー
＝長身FWは本当か？

小柄なセンターフォワードへの誤解

　ポストプレーの主な目的は、前線でロングボールや縦パスのターゲットとなり、味方に前を向いてボールを受けさせることだ。そのため「○○に落とす」という表現がよくされる。相手ＤＦを背負ったプレーが多くなるため、大型のセンターフォワードが適任というのが一般常識。特に日本は背の高いＦＷにあまり恵まれていないこともあり、ポストプレーがうまく行かないことを体格のせいにしてしまいがちだ。

　しかし、実際にはＪリーグでも、必ずしも大柄ではないＦＷがセンターフォワードとして前線に構えるケースは見られるし、海外のトップリーグにおいても１８０㎝に満たない選手が堂々とセンターフォワードを張っているケースは珍しくない。果たして、本当に体の大きさはポストプレーの決定的なハンディキャップになっているのだろうか？

　検証のサンプルに選んだのは、09−10シーズンのＵＥＦＡチャンピオンズリーグのグループステージ第３節、チェルシー対アトレティコ・マドリー。結果的に４−０でチェルシーが大勝した試合だが、注目してほしいのは両チームの前線の構成である。チェルシーは3トップの中央に

１８６㎝のアネルカが、アトレティコ・マドリーは１７２㎝のアグエロがそれぞれ配置されていた。両者の身長差は実に14㎝。ポストプレーと身長の関係性を探る上で、絶好の比較対象になるはずだ。

今回のデータは手作業で集計したので、まずはポストプレーの定義から説明したい。自陣から出された縦パスを敵陣で後ろ向きに収め、周囲の味方に繋げようとしたプレーをカウントした。また、身長とポストプレーの関係を探るために受け手に入った縦パスが【浮き球】なのか、【グラウンダー】なのかも区別して記録している。

【表】チェルシー vs アトレティコ・マドリーのポストプレー成功率

09-10 CHAMPIONS LEAGUE Group Stage Match Day 3
2009.10.21 / Stamford Bridge - London

CHELSEA (ENG) 4-0 ATLÉTICO MADRID (ESP)

チェルシー

DECO
FW デコ
174cm

全体		
75% (3/4)		
パスの種類		
浮き球	グラウンダー	
— (0/0)	**75%** (3/4)	
エリア別		
センター	ワイド	セカンド
— (0/0)	**50%** (1/2)	**100%** (2/2)

Nicolas **ANELKA**
FW ニコラ・アネルカ
186cm

全体		
67% (8/12)		
パスの種類		
浮き球	グラウンダー	
67% (4/6)	**67%** (4/6)	
エリア別		
センター	ワイド	セカンド
80% (4/5)	**60%** (3/5)	**50%** (1/2)

Salomon **KALOU**
FW サロモン・カルー
186cm

全体		
100% (1/1)		
パスの種類		
浮き球	グラウンダー	
100% (1/1)	— (0/0)	
エリア別		
センター	ワイド	セカンド
— (0/0)	— (0/0)	**100%** (1/1)

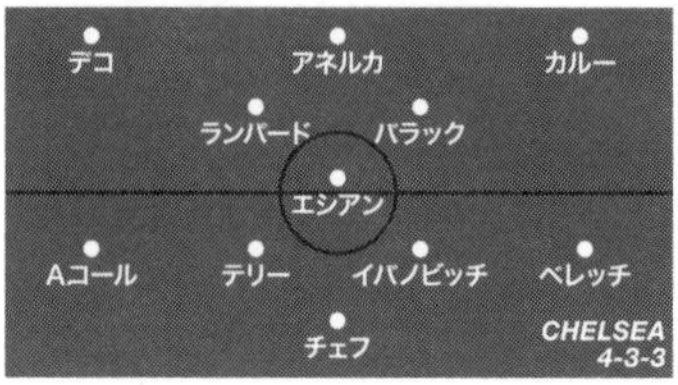

アトレティコ・マドリー

SIMÃO Sabrosa
FW シモン・サブロサ
170cm

全体		
100% (2/2)		
パスの種類		
浮き球	グラウンダー	
— (0/0)	100% (2/2)	
エリア別		
センター	ワイド	セカンド
— (0/0)	100% (1/1)	100% (1/1)

Sergio AGÜERO
FW セルヒオ・アグエロ
172cm

全体		
60% (6/10)		
パスの種類		
浮き球	グラウンダー	
25% (1/4)	83% (5/6)	
エリア別		
センター	ワイド	セカンド
50% (4/8)	100% (2/2)	— (0/0)

Diego FORLÁN
FW ディエゴ・フォルラン
180cm

全体		
67% (2/3)		
パスの種類		
浮き球	グラウンダー	
— (0/0)	67% (2/3)	
エリア別		
センター	ワイド	セカンド
— (0/0)	50% (1/2)	100% (1/1)

◆ ポストプレーエリアの定義

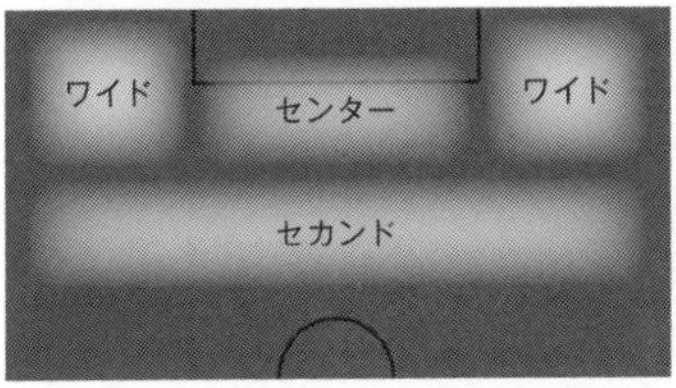

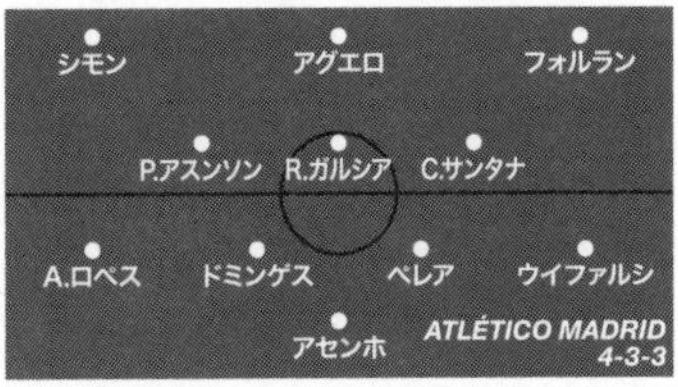

POINT 1

83% アグエロの【グラウンダー】ポストプレー成功率

●【グラウンダー】なら身長は関係ない

アトレティコのセンターフォワードは１７２㎝のアグエロ。左右のウイングは１７０㎝のシモンと１８０㎝のフォルランだった。最多のポストプレーを記録したのは中央のアグエロで、チーム全体の59%に当たる10回。そのうち６回を成功させている。３人の中で最も長身のフォルランによるポストプレーはたったの３回で、そのすべてが【グラウンダー】。小柄なシモンも２回のみで、同じくすべて【グラウンダー】だった。フォルラン、シモンの両ウイングによるポストプレーはパスワークの流れで発生した偶発的なもので、チームとしての狙いには含まれていなかったように見えた。

アトレティコの主なターゲット役は、小柄なアグエロだったと言えるだろう。しかし、【浮き球】のパスを収めるのはやはり厳しく、４回中成功は１回のみ。それも後方から彼を潰した相手選手のファウルでマイボールとなったため、成功としてカウントしたに過ぎない。１８８㎝のイバノビッチと１８７㎝のテリーに挟まれてハイボールに競り勝ち、マイボールにするのは厳しい注文だ。

一方、【グラウンダー】は６回の実行で５回を成功させ、83%という非常に高い成功率を記録している。しかも、失敗した１回も一度はトラップに成功した後で斜め後ろから来た選手にカットされたものだった。【浮き球】ではなく【グラウンダー】のパスならば、自分より体の大きな守備者との地上戦を制し、しっかりと足下に収めることができていたのだ。

今度はチェルシー側を見てみよう。１８６㎝の長身アネルカは【浮き球】と【グラウンダー】がともに６回の実行で４回を成功と、縦パスの質による違いは出なかった。高いボールも低いボールも柔軟にさばけるアネルカに対し、後方の出し手も状況によって高低を使い分けたのだ。ちなみに、左ウイングに位置した１７４㎝のデコも４回を記録し３回を成功させているが、そのすべてが【グラウンダー】だった。

【浮き球】に関しては事前のイメージ通り上背がないと劣勢になるが、アグエロのように高いボディバランスと足下の柔軟性を備えていれば、【グラウンダー】の縦パスに限れば高い成功率を記録することができる。言い換えれば、背が高くない選手をセンターフォワードに置く場合、【グラウンダー】の縦パスを活用していくことが求められるのだ。

POINT 2
47% チェルシーの【ワイドポスト】の割合

3つのエリアで見るポストプレーの志向性

ポストプレーを検証する上でもう一つ重要なのは実行したエリアだ。パスの受け手が中央に張っていたのか、流動的に動き回っていたのかは大きな違いになるからだ。最前線の中央なら【センターポスト】、最前線の左右なら【ワイドポスト】、2列目で行った場合は【セカンドポスト】として実行数と成功数をカウントした。

【センターポスト】＝前線の中央でのポストプレー

【ワイドポスト】＝前線の左右のサイドエリアでのポストプレー
【セカンドポスト】＝全体の2列目でのポストプレー（左右中央は問わない）

まずチェルシー側を見ると、3トップの中央に配置されたアネルカはチーム全体の63％に当たる12回のポストプレーを記録したが、そのうち【センターポスト】は5回で、【ワイドポスト】も同数の5回を記録している。成功回数は【センターポスト】が4回、【ワイドポスト】が3回であり、中央で勝てないからサイドに開いたということではなさそうだ。チーム全体で見ても【センターポスト】の回数は19回中5回で、その実行者はアネルカのみだった。

チェルシーの【ワイドポスト】は9回で、割合では47％。サイドの高い位置に起点を作ることで、サイドバックの上がりを引き出す狙いがあったようだ。メインターゲットであるアネルカは中央で体を張ることも多かったが、サイド攻撃を成功させるために意図的に左右に流れていた。その時には右ウイングのカルーが入れ替わりで中央にポジションを変えている。ポストプレーのターゲット役は常にアネルカで、エリア内に陣取ったカルーの役目はクロスやラストパスを受けてフィニッシュを狙うことだ。

一方のアトレティコは7回の【ワイドポスト】を実行し6回を成功させているが、センターフォワードであるアグエロの【ワイドポスト】は2回のみだった。その2回も、ポゼッション時に戦略的にサイドに流れていたアネルカとは違い、カウンター時に偶発的にワイドのスペースで受けたものだった。

【セカンドポスト】を見るとチェルシーは5回を数え、すべて3トップによって実行されている。回数こそ多くなかったが、ＦＷが手前に引くことで生じたスペースにＭＦを飛び出させる狙いが反映されていた。一方のアトレティコは2回しか記録しておらず、チェルシーのような連動したコンビネーションはなかった。

チェルシーは【ワイドポスト】や【セカンドポスト】から、流動的なポジションチェンジを使って相手の守備を崩す意図が明確に見られたが、アトレティコはせいぜい3トップの選手が自分の担当エリアから縦や斜めに飛び出すぐらい。ポストプレーのエリアがどこだろうと、前線の個人能力だけで崩そうとしていた。そのことが4－0という結果の原因とは断定できないが、両者の攻撃の厚みの違いを生んだことは間違いない。

最近では背の低いＦＷが中央に配置されると〝ゼロトップ〟と言われることがある。その理由は〝偽センターフォワード〟が空けたスペースを後方の選手が利用する戦術だからだ。しかし、アグエロのポストプレーはほぼセンターポスト中心で、生粋のセンターフォワードのプレースタイルだった。身長によるイメージのみでＦＷのプレースタイルを語るのは間違いを生みやすい。

ただし、アトレティコがアグエロの特徴を生かしていたかと言えば疑問が残る。成功率の高かった【グラウンダー】の縦パスを増やすことはもちろん、数は少なかったものの【ワイドポスト】は2回中2回の成功率１００％だったので、サイドに流れるプレーを増やしても良かった。チームとしてもっと戦略的に小柄なテクニシャンの長所を引き出していれば、ポストプレーの成功率はさらに上がっていたはずだ。

もちろん、ポストプレーの成功率を上げることだけが重要ではなく、それをどう活用するかを考える必要がある。この試合でのチェルシーとアトレティコの違いに見られた通り、チームとしてＦＷのポストプレーを戦術のメカニズムとして組み込むことが、身長以上にポストプレーの成功率と効果を高めるのではないだろうか。

結論

・身長＝ポストプレーの得手不得手ではない
・【グラウンダー】では身長よりも技術が問われる
・ポストプレーのエリアを見れば、ＦＷに課された役目やチームの狙いがわかる

3-3
[ファウル]
FOUL

ファウルが多いのは
プラス or マイナス？

最も見方がわからないデータ

ファウルは試合のルールに違反するプレーを指し、ファウルされた側のチームにＦＫ、ペナルティエリア内ならＰＫが与えられる。中でも相手を故意に傷つける、決定的なプレーを止めるなど、悪質な行為には警告（イエローカード）や退場（レッドカード）が宣告される。

スポーツマンシップに反するプレーなのでネガティブなイメージはぬぐえないが、「プロフェッショナル・ファウル」という言葉もあるように、時にファウルが味方のピンチを救うこともある。果たしてファウルが多いことは、チームにとってプラスなのか、それともマイナスなのか？

それを明らかにするために、12－13シーズンのＵＥＦＡチャンピオンズリーグのグループステージを参考にファウルと勝敗との関係を探ってみた。

【表1】 12-13 CL 出場32チームのファウルランキング

順位	チーム名	国名	総ファウル数	1試合平均	タイプ
1	バルセロナ	スペイン	46	7.7	A
2	ディナモ・ザグレブ	クロアチア	63	10.5	D
3	アヤックス	オランダ	64	10.7	D
4	レアル・マドリー	スペイン	65	10.8	A
4	ドルトムント	ドイツ	65	10.8	A
6	チェルシー	イングランド	66	11.0	D
7	シャルケ	ドイツ	72	12.0	A
7	ノアシェラン	デンマーク	72	12.0	D
9	マンチェスター U	イングランド	73	12.2	A
10	バイエルン	ドイツ	74	12.3	A
10	マンチェスター C	イングランド	74	12.3	D
12	モンペリエ	フランス	75	12.5	D
13	ミラン	イタリア	78	13.0	A
14	オリンピアコス	ギリシャ	79	13.2	D
15	アンデルレヒト	ベルギー	81	13.5	C
15	マラガ	スペイン	81	13.5	B
17	セルティック	スコットランド	82	13.7	B
17	シャフタール	ウクライナ	82	13.7	B
17	パリ SG	フランス	82	13.7	B
20	ディナモ・キエフ	ウクライナ	84	14.0	C
21	アーセナル	イングランド	85	14.2	B
22	ユベントス	イタリア	88	14.7	B
23	ガラタサライ	トルコ	90	15.0	B
24	ブラガ	ポルトガル	92	15.3	C
25	ベンフィカ	ポルトガル	95	15.8	C
26	バレンシア	スペイン	96	16.0	B
27	リール	フランス	98	16.3	C
27	ゼニト	ロシア	98	16.3	C
27	ポルト	ポルトガル	98	16.3	B
30	BATE ボリソフ	ベラルーシ	99	16.5	C
31	CFR クルージュ	ルーマニア	101	16.8	C
32	スパルタク・モスクワ	ロシア	109	18.2	C

■ グループステージ敗退　　　1試合平均ファウル数 13.5

【表2】ファウル×グループステージ突破／敗退の4タイプ

Aタイプ（該当は7クラブ）
ファウルが**少なく**、グループステージ**突破**
バルセロナ（スペイン）
レアル・マドリー（スペイン）
ドルトムント（ドイツ）
シャルケ（ドイツ）
マンチェスターU（イングランド）
バイエルン（ドイツ）
ミラン（イタリア）

Bタイプ（該当は9クラブ）
ファウルが**多く**、グループステージ**突破**
マラガ（スペイン）
セルティック（スコットランド）
シャフタール（ウクライナ）
パリSG（フランス）
アーセナル（イングランド）
ユベントス（イタリア）
ガラタサライ（トルコ）
バレンシア（スペイン）
ポルト（ポルトガル）

Cタイプ（該当は9クラブ）
ファウルが**多く**、グループステージ**敗退**
アンデルレヒト（ベルギー）
ディナモ・キエフ（ウクライナ）
ブラガ（ポルトガル）
ベンフィカ（ポルトガル）
リール（フランス）
ゼニト（ロシア）
BATEボリソフ（ベラルーシ）
CFRクルージュ（ルーマニア）
スパルタク・モスクワ（ロシア）

Dタイプ（該当は7クラブ）
ファウルが**少なく**、グループステージ**敗退**
ディナモ・ザグレブ（クロアチア）
アヤックス（オランダ）
チェルシー（イングランド）
ノアシェラン（デンマーク）
マンチェスターC（イングランド）
モンペリエ（フランス）
オリンピアコス（ギリシャ）

POINT 1

9 【Bタイプ】の該当チーム数

● 意外にも最も成績が良かったのは…

グループステージ96試合の合計ファウルは２６０７回で、参加32チームの平均は81・５回（６試合の総数）。つまり、各チームは１試合につき13・５回のファウルを犯していたことになる。

次に、ファウルと勝ち上がりの関係を見てみよう。グループステージを突破した16チームのファウル数は78・６回で、１試合当たり13・１回。わずかに全体の平均値を下回ったものの、大きな差はない。反対に、ファウルが平均値以上の18チームのうち９チームが勝ち上がりに成功している。全体的に見れば、ファウルを多く犯しているチームが特別不利という結果にはなっていない。

ファウルと勝敗の関係をわかりやすくまとめるために、次の４タイプに分類してみた。ファウルの「多い／少ない」は、平均値を基準にしている。

【Aタイプ】ファウルが少なく、グループステージ突破
【Bタイプ】ファウルが多く、グループステージ突破
【Cタイプ】ファウルが多く、グループステージ敗退
【Dタイプ】ファウルが少なく、グループステージ敗退

【Aタイプ】に該当するのは7チーム。代表例はバルセロナ、バイエルン、レアル・マドリーら高いボールポゼッションを記録する〝攻められないクラブ〟だ。彼らに関する詳しい説明は不要だろう。常にボールを持って敵を攻め続けるので、ファウルを強いられる機会も、する必要もないのだ。

多くのファウルを記録しながら、勝利を重ねたのが【Bタイプ】。ポルトをはじめ、バレンシア、アーセナル、ユベントスなど9チームが当てはまる。意外にもファウルが少なかったチームよりも、多かったチームが突破したクラブの数で上回ったというわけだ。このカテゴリーのクラブはファウルがデメリットになっておらず、時には有利な状況を生んでいたと推察できる。その理由はポイント2であらためて検証する。

グループステージで敗退した16チームのうち、ファウルが平均以上だった【Cタイプ】は9チーム。特に最多となる109回のファウルを記録したスパルタク・モスクワ、それに続くCFRクルージュ、BATEボリソフは、ヨーロッパの強豪が集まるチャンピオンズリーグの中では実力が一枚落ちるクラブだ。常に劣勢の試合内容を強いられたため、ファウルが多くなったと言える。弱いチームのファウルが増えるというのは強いチームのファウルが少なくなる【Aタイプ】と同様に、イメージしやすいケースだ。

一方、敗れたにもかかわらずファウルが少なかった【Dタイプ】には、ディナモ・ザグレブといった弱小だけでなく、前回王者のチェルシーやマンチェスター・シティ、アヤックスといった強豪も含まれる。該当する7チームは、いわゆる〝プレーが軽い〟チームだ。

ファウルの数とグループステージの突破／敗退の関係は、プレースタイルを見抜くヒントにはなるが、ファウル自体の是非を判断する材料にはならなかった。このデータの実態を探るには、さらに踏み込んで検証する必要がある。

そこで新しい材料として着目したのがファウルエリアだ。【敵陣ファウル】と【自陣ファウル】に分けて、それぞれの回数をカウントする。

ファウルは是か非か――。

ファウルが多かったにもかかわらず、結果的には勝利している【Bタイプ】の謎がテーマを解く鍵になるはずだ。そこでピックアップしたのはグループステージ第5節、【Bタイプ】のユベントス対【Dタイプ】のチェルシーの対戦だ。

POINT 2

65%

ユベントスの敵陣ファウル率

●【敵陣ファウル】＝善、【自陣ファウル】＝悪

前シーズンの欧州王者として臨んだチェルシーだが、同居したユベントスとシャフタールに競り負け、3位でグループステージ敗退を喫した。彼らのファウルは66回で1試合平均が11回と、全体で6番目に少ない。一方、ユベントスは平均を上回る14・7回のファウルを記録してい

る。この試合はホームのユベントスが3－0で勝利を飾ったが、両者のファウル数とファウルエリアはどうだったのか？

ユベントスのファウルは17回でチームの6試合平均より高く、6回のチェルシーとは3倍近い差があった。これをファウルエリアで分けてみると、ユベントスは【敵陣ファウル】が11回を占め、【自陣ファウル】は6回しかなかった。割合にして65％は【敵陣ファウル】ということになる。

3－1－4－2という独特のシステムを用いるユベントスは、積極的なハイプレスでチェルシーに襲いかかり、ボールを奪いに行った。2トップのブチニッチとクアリアレッラからプレスをかけ、そこをかいくぐった選手には中盤の選手が厳しく当たる。1列目と2列目が連動する守備戦術だ。

ユベントスのファウルは、チェルシーに対して高い位置からプレスをかけ、厳しく当たりに行った結果として記録されたものが大半だった。その結果としてファウルを取られることもあったが、直接ボールを奪う、あるいは自由を奪いバックパスやルーズボールを誘う場面も多かった。つまりユベントスのハイプレスが機能していたということだ。

【表3】ユベントスvsチェルシーのファウル

12-13 CHAMPIONS LEAGUE Group Stage Match Day 5
2012.11.20 / Juventus Stadium - Turin

JUVENTUS (ITA) 3-0 CHELSEA (ENG)

◆ 自陣と敵陣でのファウル分布

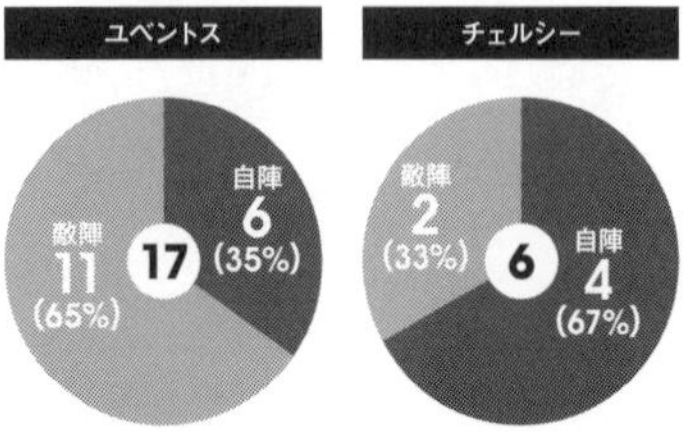

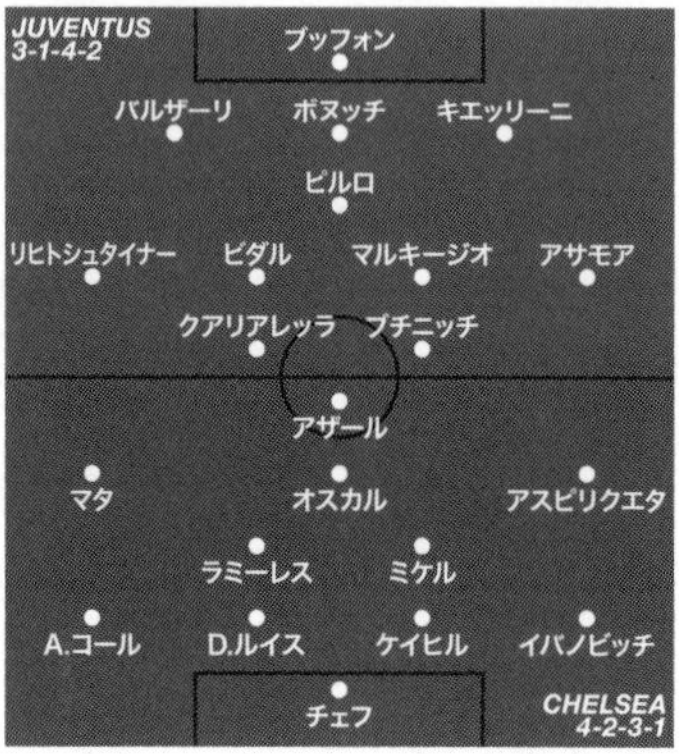

◆ 個人別のファウル内訳

	ユベントス	敵陣	自陣	合計
MF	ビダル	2	2	4
MF	マルキージオ	1	2	3
MF	ピルロ	2	0	2
FW	クアリアレッラ	2	0	2
FW	ブチニッチ	2	0	2
DF	バルザーリ	1	0	1
DF	ボヌッチ	0	1	1
DF	キエッリーニ	0	1	1
FW	ジョビンコ	1	0	1

	チェルシー	敵陣	自陣	合計
DF	D.ルイス	1	1	2
MF	ラミーレス	0	1	1
MF	ミケル	0	1	1
DF	イバノビッチ	0	1	1
FW	アザール	1	0	1

一方のチェルシーは試合開始から、引き気味に守備ブロックを作っていた。中盤のラミーレスやミケルも、守備の開始位置は自陣。しかも、自らのゾーンに入ってきても激しいプレスをかけるのではなく、基本的に縦のパスコースを切る〝抜かれない守備〟を優先していた。そのためファウルそのものが少ないのだ。チェルシーが記録した【自陣ファウル】は、高い位置でボールを奪われたショートカウンターの際に苦し紛れで記録したものがほとんどだった。

ユベントスが高い位置からボールを奪いに行き、相対的にチェルシーが引いて守るという構図ではあったが、ユベントスは敵陣での積極的な守備から効果的な攻撃に繋げ、引いて守る相手から3ゴールを奪っている。一方のチェルシーはマイボールになる位置が低く、攻撃に転じても相手のハイプレスによりボールを奪われて再び守備に回るか、バックパスに逃げる場面が多くなった。

ノーファウルでボールを奪うのが理想だが、サッカーが相手とのコンタクトプレーを伴うスポーツである以上、主審の判定によってファウルになる場面も出てくる。この試合のユベントスにとって【敵陣ファウル】の多さは、彼らのアグレッシブさを象徴するデータだ。ポジティブなファウルと判断していいだろう。

とはいえ、積極果敢なハイプレス戦術を採用するチームのすべてに【敵陣ファァイル】が増えるわけではない。豊富な運動量で敵陣からボールを追いまくるドルトムントのファウルは65回で、全体で5番目に少なかった。グループステージでのボール支配率は42％しかなく、ボールを支配することでファウルが少なくなることが多い【Aタイプ】の中では例外的な存在と言える。試合を観察すると、その要因はクロップ監督の掲げる独特の守備スタイルにあることがわかった。

彼らは高い位置からプレッシャーをかけるものの、直接ボールを奪うより、相手陣内でのパスコースを消すことで、そこから長いボールや苦し紛れのパスを出させて、ルーズボールやセカンドボールを奪うスタイルを採っていた。つまり高い位置での激しいコンタクトプレーがあまりないため、【敵陣ファウル】が多くならないのだ。加えて、フェアプレーを好むドイツ人の気質の問題も大きいだろう。

良いファウルか、悪いファウルかの一つの基準になるのはファウルエリアだ。敵陣でのファウルは積極的な守備の結果でありポジティブ、自陣でのファウルは攻め込まれて後手に回った結果でありネガティブ——というサッカーの見方は大枠では間違っていないはずだ。ただし、ドルトムントのような例外もあるので、サッカースタイルや国民性も考慮して総合的に判断してほしい。

結論

・ファウルと結果のタイプ分類で、プレースタイルを読み取れる
・ファウルの是非のポイントは「ファウルエリア」
・フェアプレーを好むドイツ人のように国民性も関係してくる

3-4
[バックパス]
BACK PASS

バックパスは
「逃げ」の選択肢なのか？

●「バックパス悪玉説」は本当か？

バックパスと言うと、「消極的」「逃げの選択肢」といったネガティブな印象が強い。サッカー関係者の中には育成年代でのバックパス禁止を主張する声もあり、現場レベルでもリスクを冒さず後方に戻すパスに対して否定的な指導者は少なくない。

しかし、バックパスにはパスコースの確保、無駄なボールロストを減らす、プレスの回避など、多くのメリットがあることも確かだ。果たして、「バックパス＝消極的」は本当のことなのだろうか？

その実態を探るため、世界最高峰の舞台であるＵＥＦＡチャンピオンズリーグを題材に、試合中でどれだけバックパスが使われているか、またバックパスが絡んだ攻撃からチャンスが生まれているかどうかを検証してみた。

ここで用いるのは08－09シーズンのグループステージ第5節ビジャレアル対マンチェスター・ユナイテッド。ポルトガル代表のクリスティアーノ・ロナウドを擁するユナイテッドのサイドアタックは、欧州でもトップクラス。対するビジャレアルは気鋭のペジェグリーニ監督が率い、中盤のパスワークを主体とした攻撃スタイルが注目されていた。

つまり攻撃的でありながらスタイルが異なる2つのチームを対比させることで、多角的にバックパスの意味を分析することが狙いだ。

POINT 1

11本 クリスティアーノ・ロナウドのバックパス

攻撃の中心が最多バックパスを記録した理由

一般的に、バルセロナのようなポゼッションサッカーを採用するチームほどバックパスの本数が多くなり、縦に速い攻撃を志向するチームほど少なくなる傾向がある。当時のユナイテッドは高い個人技をベースに無駄なくシンプルに敵陣を攻めるイメージが強かったが、実際はバックパ

【表】ビジャレアル vs マンチェスターUのバックパス

08-09 CHAMPIONS LEAGUE Group Stage Match Day 5
2008.11.25 / El Madrigal - Villarreal

VILLARREAL (ESP) 0-0 MANCHESTER UTD. (ENG)

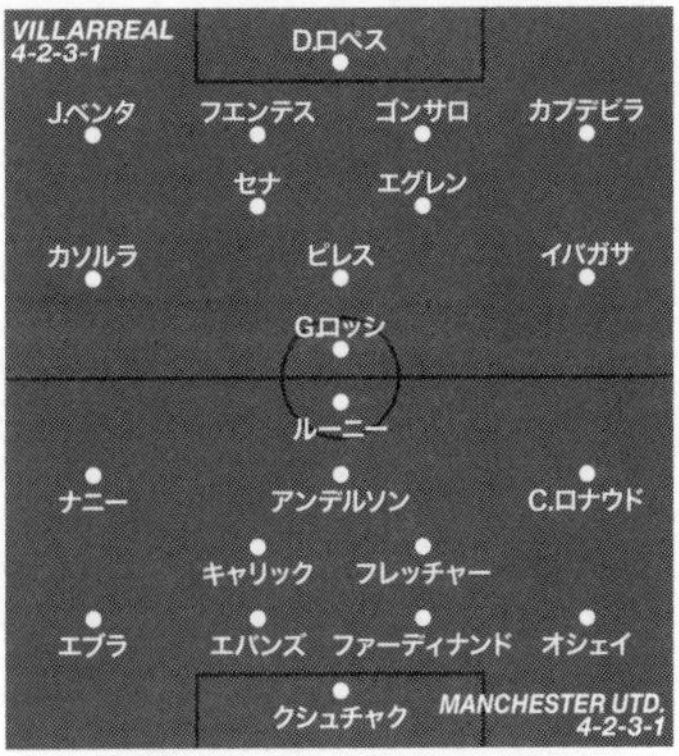

◆ エリア別のバックパス

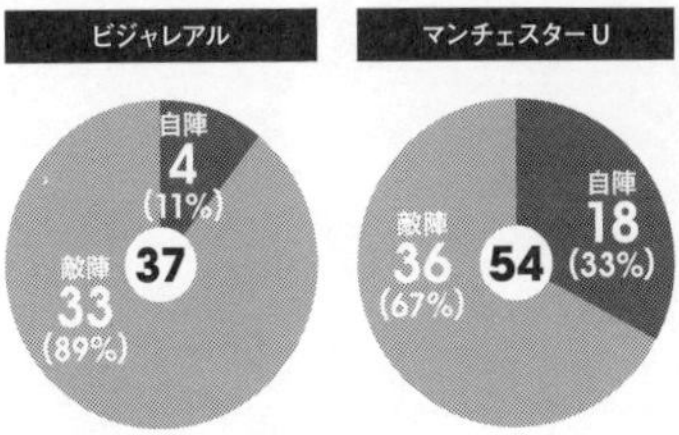

◆ GKへのバックパス

ビジャレアル	マンチェスターU
0 / 37	**8** / 54

◆ バックパスによるボールロスト

ビジャレアル	マンチェスターU
2 / 37	**1** / 54

◆ 個人別のバックパス内訳

ビジャレアル		
MF	イバガサ	10
MF	カソルラ	8
MF	ピレス	4
FW	G. ロッシ	4
DF	J. ベンタ	3
MF	M. フェルナンデス	3
MF	セナ	2
MF	エグレン	2
DF	カプデビラ	1

マンチェスターU		
MF	C. ロナウド	11
MF	アンデルソン	8
MF	フレッチャー	6
DF	オシェイ	6
DF	エブラ	5
FW	ルーニー	4
MF	ナニー	4
DF	ファーディナンド	4
MF	パク	3
MF	キャリック	2
MF	ギブソン	1

スをかなり多用していた。この試合はポゼッションサッカーのビジャレアルに対して敵地ながら54％のボール支配率を記録し、バックパス数に関しても54本と相手を17本も上回っている。

特徴的なのが、そのうち33％の18本が自陣で出されたものだということ。その理由は、バックパスを精度の高いロングキックを蹴るための布石としていたからだ。

ＤＦラインからのロングキックの落としを中盤が拾い、個人技で仕掛けて決定機に結びつける――これはユナイテッドの主要な攻撃パターンの一つだ。ただし、やみくもに長いボールを蹴るのではなく、一度バックパスで戻して良い体勢で前を向ける選手に預けてから実行することで、キックの精度と成功率を高めている。

前線が長身のベルバトフではなく１７０㎝台のルーニーであれば、さらに精度の高いロングボールが求められる。この試合ではＤＦへのバックパスが26本、ＧＫへのそれは8本を数えた。つまり、バックパスの63％がＤＦかＧＫに向けられたものだったわけだ。

とりわけ目立ったのが、左センターバックのエバンズへのバックパスだ。合計10本、そのことごとくを前方に蹴り出している。エバンズ自身は1本もバックパスを出さなかったのも注目点で、彼の正確なロングフィードを生かそうとするチームの意図と、それを本人がよく理解していることがわかるデータだ。

ＧＫクシュチャクもバックパスを受けると、縦に蹴る意識を徹底していた。一方で、フィードの名手として知られるファーディナンドがバックパスを受けた本数は5本とエバンズの半分に過ぎず、しかもそのうち4本はさらに後方のＧＫクシュチャクに戻している。これはビジャレアルの1トップであるジュゼッペ・ロッシが、主にファーディナンドの方にチェイシングを仕掛けてきたことが影響している。

現代サッカーでは1トップが主流になっているが、守備に回った相手のセンターフォワードが2センターバックのどちらをマークしてくるのかは大きなポイントだ。バックパスの本数を見れば、誰が厳しいプレッシャーを受けていたのかを読み取ることもできる。

ユナイテッドのバックパスが増えた理由は、もう一つある。それは、攻撃の中心（＝最もボールが集まる選手）であるクリスティアーノ・ロナウドがチーム最多となる11本のバックパスを記録したことだ。

理由は明白だ。複数の守備者に張りつかれることが当たり前の大エースは、サイドで縦に仕掛けるのが不利と判断すれば、即座に後方でフリーの味方に戻していた。一度、自らのサイドに複数の相手選手を引きつけているので、バックパスを受けた選手が即座に反対サイドに展開すれば一気にチャンスは広がる。そうなれば、逆サイドのスペースでボールを受けた味方は有利な状態でドリブル、あるいはシュートに結びつけることができる。

世界トップレベルの試合ではたとえ圧倒的な個人技を持つ選手であっても、状況によって「勝負」と「おとり役」を使い分けている。クリスティアーノ・ロナウドのバックパスは単なる逃げではなく、仲間へのチャンスメイクやその後の展開を作るための布石なのだ。

POINT 2

4本 ビジャレアルの自陣でのバックパス

●敵陣でのバックパスは崩しの布石

自陣でのバックパスが多かったユナイテッドとは対照的に、ビジャレアルは敵陣が約9割を占めた。全体的に守備的な印象をぬぐえなかったこの日のビジャレアルだが、自陣でのバックパスは4本しかなく、GKに戻したパスに至っては0本だった。低い位置でのバックパスが少なかった理由は、中盤のパスワークで敵の守備を崩すスタイルがクラブの哲学になっているからだ。

一口にバックパスと言っても、後方に大きく戻して完全な攻め直しになるものもあれば、パス回しの一環で後方に出されたものもある。両チームのバックパスを比較すると、ボール保持者より後方にいるプレッシャーの少ない味方に出すという意図は一緒だが、ビジャレアルの方がパスの距離が短く、真後ろへのパスもほとんどない。チーム最多の10本を数えたイバガサも、8本のカソルラもほとんどはMF同士のパス交換で、厳密には「斜め後方へのショートパス」と見なす方が妥当だろう。

この試合では決定機自体が少なかったが、17分には2本のバックパスを含む計12本のパス交換からカソルラの際どいミドルシュートに繋げるスペインチームらしいシーンもあった。複数の選手がパスとオフ・ザ・ボールの動きを交えて攻めるビジャレアルにとって、バックパスはあくまで崩しの前提としてパス回しの一部に組み込まれているのだ。

両クラブで共通していたバックパスの特徴は、次の行動の布石になっていることと、ミスの少なさだ。バックパスからボールを失った回数は、ユナイテッドはクリスティアーノ・ロナウドのヒールパスがずれた1回。ビジャレアルは2回で、ジョゼッペ・ロッシとカソルラがいずれも苦しい体勢からむりやり後ろに叩いた結果だ。まともに蹴ったケースでは、両チームともほぼ失敗していない。

確実にボールを繋ぎ、そこから攻めのベクトルを前向きに移行する。攻撃的なチームでこそバックパスは欠かせない。いわば、組み立てにおける〝隠されたスパイス〟なのだ。

バックパスを禁止する指導者は、縦に仕掛けられる状況でボールを後ろに戻す「消極的な姿勢」を改善したいのだろう。リスクを冒すことを避けるメンタルを批判したい気持ちは、非常によくわかる。しかし、だからと言ってバックパスを「全否定」してしまっては、その効果や正しい使い方を理解する機会を永遠に失わせてしまう。

育成世代に不足しているのは自由な発想の中で攻撃ビジョンを醸成していく環境だ。他人に正解を教えてもらうメンタリティを変えていかない限り、たとえバックパスを禁止しても、その意味を知らない選手たちは考えなしに縦に蹴るか、それができない時は消極的なバックパスを出し続けることになるだろう。

結　論

- ＤＦに戻すバックパスは、精度の高いロングフィードの布石になる
- マークが集中する中心選手のバックパスは、フリーの味方を生かすことに繋がる
- 敵陣での短い距離のバックパスはパスワークの一部であり、崩しの前提になる

3-5
[ロングボール]
LONG BALL

ロングボールとポゼッションは相反するのか？

●ロングボールは〝アンチ・パスサッカー〟の象徴なのか？

かつて「キック&ラッシュ」全盛の英国ではパスサッカーのことを「大陸風サッカー」と言って区別していた。そうした歴史もあり、チームのプレースタイルの分類として「繋ぐのか、放り込むのか」という基準を用いることがあるが、もはや古い物差しなのかもしれない。現代サッカーではいかにショートパスを多用するチームでも、ロングボールを蹴らないチームは存在しない。要はそのバランスが問われているわけだ。

しかし、「両方使うのが当たり前」の時代になっても、ロングボールが多いチームは〝アンチ・パスサッカー〟と捉えられがちだ。

そこでデータからロングボールの意図を考えてみたい。ロングボールの回数と成功率、ボール支配率との関係を対戦相手の守備戦術と照らし合わせることで、ロングボールに頼った戦い方をしているのか、また意図してロングボールを蹴っているのか、それとも蹴らされているのか、という違いがわかるのではないか。

サンプルとして使用するのは、09－10シーズンのＵＥＦＡチャンピオンズリーグのグループステージ第6節、ユベントス対バイエルンだ。バイエルンは当時、かつてバルセロナを率いたパスサッカーの信奉者であるファン・ハール監督が率い、ボールポゼッションを重視する戦い方を徹底していた。一方のユベントスはクラブのＯＢで、現役時代は名センターバックだったフェラーラが監督を務めており、特にチャンピオンズリーグの舞台では堅守からのカウンターをベースとしていた。

ボールポゼッションと堅守速攻という対照的な両者だけに、ロングボールの実態を検証するには好都合と考えた。普通に考えればユベントスがロングボールの本数で大きく上回りそうだが、集計してみると予想とは異なる結果が出た。

POINT 1

10回 GKブットのロングボール

●的確なロングボールはポゼッションを高めるボディブロー

バイエルンの90分間トータルのボール支配率は59％、前半に至っては62％を記録した。完全にボールを支配していた格好だが、その中でロングボールは18回。ほとんどの時間帯を自陣での守備からの速攻に費やしたユベントスが20回だから、わずか2回しか差がつかなかったことになる。

では実際にどういう局面で、どんな意図を持ってロングボールが使われていたのか。選手ごとの内訳を見ると、ＧＫのブットが全体の実に56％に当たる10回を記録。しかも、そのうちの6回を成功させている。バイエルン全体の成功数は7回なので、そのほとんどは彼のキックによって稼がれたことになる。

基本的には最終ラインからボールを繋ぐのがバイエルンのスタイルだが、相手のユベントスは前線から激しいプレスを実行してきた。バイエルンは相手のプレッシャーに対して前を向けない時、無理せずバックパスを出すことが約束事になっていたようだ。そして、最終ラインがＧＫにバックパスを行った場合、ブットはそこからショートパスで繋ぎ直すのではなく、前方に大きく蹴っている。

理由は2つ。1つ目は、ＧＫは後ろに人がいないので、確実にリスク回避できるバックパスが使えないということ。2つ目は、ブット本人がＧＫの中でもキックを得意とする選手であること

【表】ユベントスvsバイエルンのロングボール

09-10 CHAMPIONS LEAGUE Group Stage Match Day 6
2009.12.8 / Stadio Olimpico - Turin

JUVENTUS (ITA) **1-4 BAYERN** (GER)

◆ 成功数と失敗数

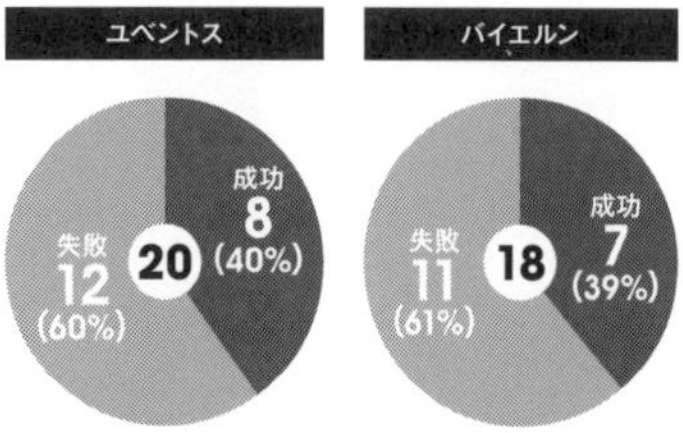

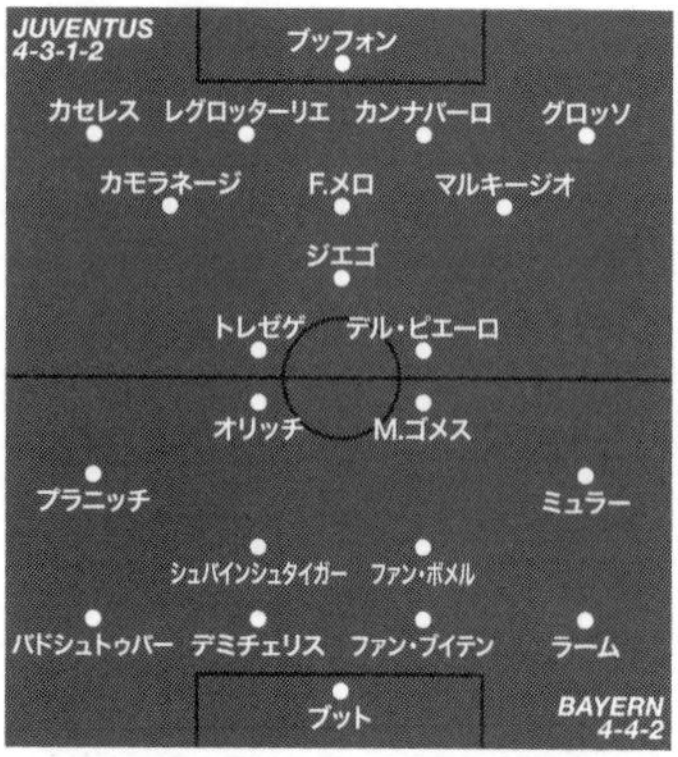

◆ 前後半の回数と成功率

ユベントス		
前半		
実行	成功	成功率
11	5	45%
後半		
実行	成功	成功率
9	3	33%

バイエルン		
前半		
実行	成功	成功率
9	3	33%
後半		
実行	成功	成功率
9	4	44%

◆ 個人別の内訳

	ユベントス	実行	成功	成功率
DF	レグロッターリエ	5	4	80%
DF	カンナバーロ	5	1	20%
DF	グロッソ	3	0	0%
DF	カセレス	2	1	50%
GK	ブッフォン	2	0	0%
MF	カモラネージ	1	1	100%
MF	マルキージオ	1	1	100%
MF	F. メロ	1	0	0%

	バイエルン	実行	成功	成功率
GK	ブット	10	6	60%
DF	デミチェリス	4	0	0%
DF	バドシュトゥバー	2	1	50%
DF	ファン・ブイテン	1	0	0%
DF	ラーム	1	0	0%

だ。実際、彼のロングキックによって38分のオリッチによる決定機が生まれ、92分にはマリオ・ゴメスのポストプレーを起点に4点目のゴールがもたらされた。GKが長く正確なボールを前線に蹴ることによって敵の激しいプレスを回避し、高いDFラインを敷くユベントス守備陣の背後を突くことができたのだ。

たとえパスが通らなくとも、彼の正確なキックには相手のDFラインを後ろに下げさせる効果がある。もちろん、前線でハイボールをキープできるマリオ・ゴメスという長身のターゲットマンの存在も見逃せない。相手のDFラインと中盤の距離が開けば、セカンドボールを拾いやすくなり、その後のパス回しにも大きなプラス効果をもたらす。ボール支配率を上げるには丁寧なショートパスが王道だが、マイボールを放棄すると思われているロングボールも使い方によってはボールキープの支えになり得るということだ。

POINT 2

3回

ユベントスの後半のロングボール成功数

問題は、敵の守備組織が完成しているかどうか？

ロングボールには意図的に〝蹴った〟ものと、相手によって〝蹴らされた〟ものが存在する。通常はバイエルンのように中盤でボールを回すチームがロングボールを蹴って失敗した場合、〝蹴らされた〟と見なすべきだろう。では、ユベントスのような堅守速攻のチームにはどういう傾向が表れるのだろうか。ここでは前半と後半の時間帯別データを参考にして、その実態を探ってみた。

ユベントスは前半に実行した11回のロングボール中、5回が成功。確率にして45％だった。それが後半には9回中、成功は3回の33％に落ちている。相手にリードを許した後半はロングボールも多くなりそうなものだが、実際はトライ数・成功数ともに減少しているのだ。これにはユベントスの基本スタイルが大きく影響している。

堅守速攻のスタイルで知られるユベントスのロングボールは、カウンター局面で最も効果を発揮する。高い位置からプレッシャーをかけてショートカウンターで裏を狙うユベントスにとって、前がかりの相手の裏を突くロングボールは大きな武器なのだ。前半に成功した5回のうち、４回は2トップが受け手になっている。いずれも明確にマークがついていないカウンターの状況でボールを受けたケースだった。しかも、彼らは手前にボールを落とすのではなく、そのまま前を向いて縦に仕掛けていた。ユベントスにとって、そうした縦の速攻をうながすキックこそ意図的に〝蹴った〟ロングボールだ。

一方で、後半になって明らかに増えたのが、相手のディフェンスがそろっている状況でのロングボール、すなわち苦し紛れの放り込みだ。３回の成功も内容を見ると、まともに前線に通ったのは1回のみで、残りは中盤のカモラネージが一度は競り負けたこぼれ球をレグロッターリエが拾ったものと、ロスタイムにジョビンコがワイドの位置で受けた偶発的なものだった。

後半に入って前線で起点が作れなくなったため、競り合いに強いＦＷのアマウリを投入したのだろうが、それでも成功率は上がらなかった。つまり、バイエルンの守備組織が完全にでき上がっている段階で実行したユベントスのロングボールは、ほぼ通っていないのだ。つまり、敵の守備組織が完成した状態で実行したものが〝蹴らされた〟ロングボールと言える。

縦に速い攻撃を志向していても、やみくもにロングボールを放り込むだけでは、なかなか得点のチャンスは得られない。積極的にロングボールを使うのはどういう局面で、逆に相手に引かれた状況では何を狙うのか。その両方のメソッドが確立されていなければ、失敗の山が築かれるだけだ。

ロングボールと言うと、〝アンチ・パスサッカー〟の代名詞のように語られることがあるが、カウンターチームであっても後半のユベントスのように確率の低い放り込みに終始してしまうこともあれば、バイエルンが実行したように敵の前線プレスを避けてポゼッションを安定させるといった使い方もある。ロングボールが必ずしもボール支配を妨げないことは、両チームのデータからも明らかだ。もちろん従来のイメージ通り、カウンター局面で一気にＤＦラインの裏を強襲することも可能だ。前半のユベントスが、まさにそうだった。

ロングボールをどう生かしていくかは、クラブの戦い方によって異なる。言い換えると、それだけ多様性のあるプレーなのだ。「キック＆ラッシュ」の原始的サッカーというイメージは捨て去るべきで、いかにロングボールを効果的にチーム戦術の中に組み込んでいるのかを評価しなければならない。

結論

・優れた出し手と受け手がいれば、
ロングボールはポゼッションを安定させる手段になる
・最も効果を発揮するのはカウンターの局面
・反対に、敵の守備組織が完成した状態で蹴っても意味がない

3-6
[クリアボール]
DEFENDER CLEAR

DFは繋ぐべきか、
安全第一か？

●「つなぎ」と「クリア」はどちらが正しい?

タッチライン際に出されたアバウトなロングボール。明らかに守備側の方が先に追いついているのにタッチに逃げるプレーを見て、不満に思った経験はないだろうか。DFが安全第一のプレーを選択する理由は、背走しながら周りを確認できない守備者が無理に繋ごうとすると、ボール処理を誤って相手に拾われ、決定的なピンチを招く危険が大きいからだ。

とはいえ、DFがどんな時でもクリアに逃げてしまえば、カウンターのチャンスは永遠にやってこない。

繋ぐべきか、安全第一か――。

これは難しい選択で、専門家の間でも意見が分かれる。一体選手はどういった基準でこの2つを選択しているのか。答えの見えにくい疑問にデータから迫ってみたい。

対象は「自陣」でのボール奪取時に限定し、「守」から「攻」に切り替わった際(=マイボールになった際）、最初にボールに触った選手がショートパスで味方に通せば「つなぎ」、大きく蹴り出せば「クリア」としてカウント。計測にあたり、次の３つのエリアに分けてそれぞれの数を集計している。

【エリア内】　ペナルティエリア内
【エリアサイド】　ペナルティエリアの両脇スペース
【その他自陣】　自陣の【エリア内】【エリアサイド】を除く全域

　題材は08－09シーズンのＵＥＦＡチャンピオンズリーグのラウンド16、チェルシー対ユベントスの第１レグだ。チェルシーは４－３－３、ユベントスは４－４－２を採用。当時はチェルシーがヒディンク、ユベントスがラニエリと、堅守速攻のスタイルを志向する両監督が指揮していた。ヨーロッパでもトップクラスに位置する両チームは、「繋ぐ、蹴る」の基準をどのように決めているのだろうか？

【表】チェルシーvsユベントスのクリアボール

08-09 CHAMPIONS LEAGUE Round of 16 1st leg
2009.2.25 / Stamford Bridge - London

CHELSEA (ENG) 1-0 JUVENTUS (ITA)

◆「つなぎ」と「クリア」の割合

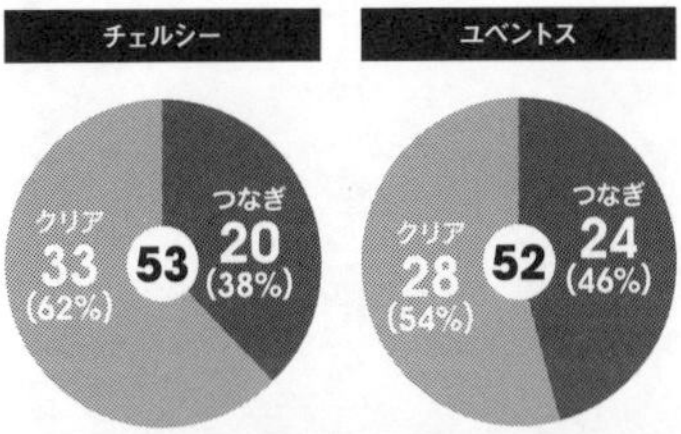

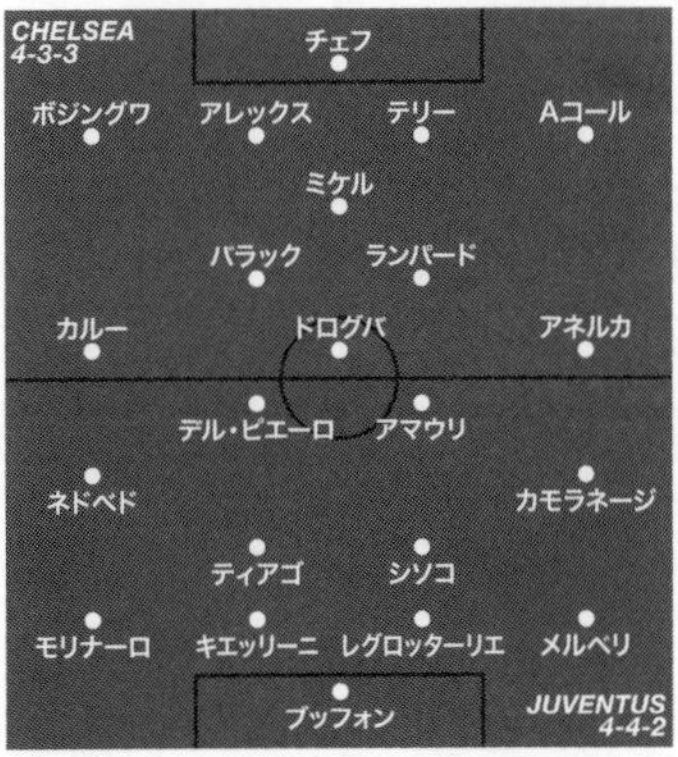

◆ クリアエリアごとの選択確率

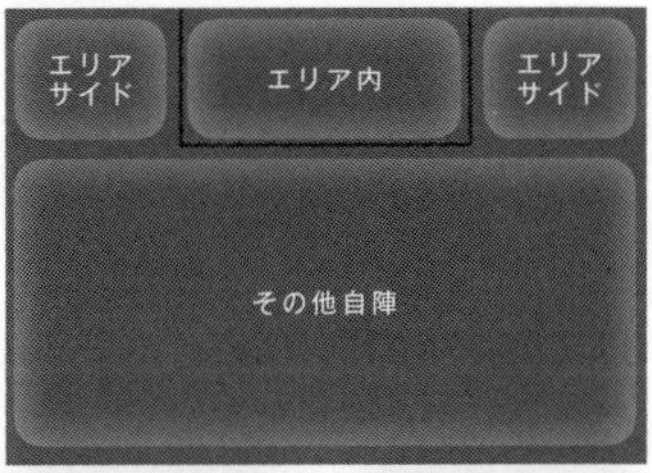

		チェルシー	ユベントス
エリア内	つなぎ	7% (1 回)	29% (4 回)
	クリア	93% (14 回)	71% (10 回)
エリアサイド	つなぎ	29% (2 回)	29% (2 回)
	クリア	71% (5 回)	71% (5 回)
その他自陣	つなぎ	55% (17 回)	58% (18 回)
	クリア	45% (14 回)	42% (13 回)

◆ 前後半の「つなぎ」と「クリア」の変化

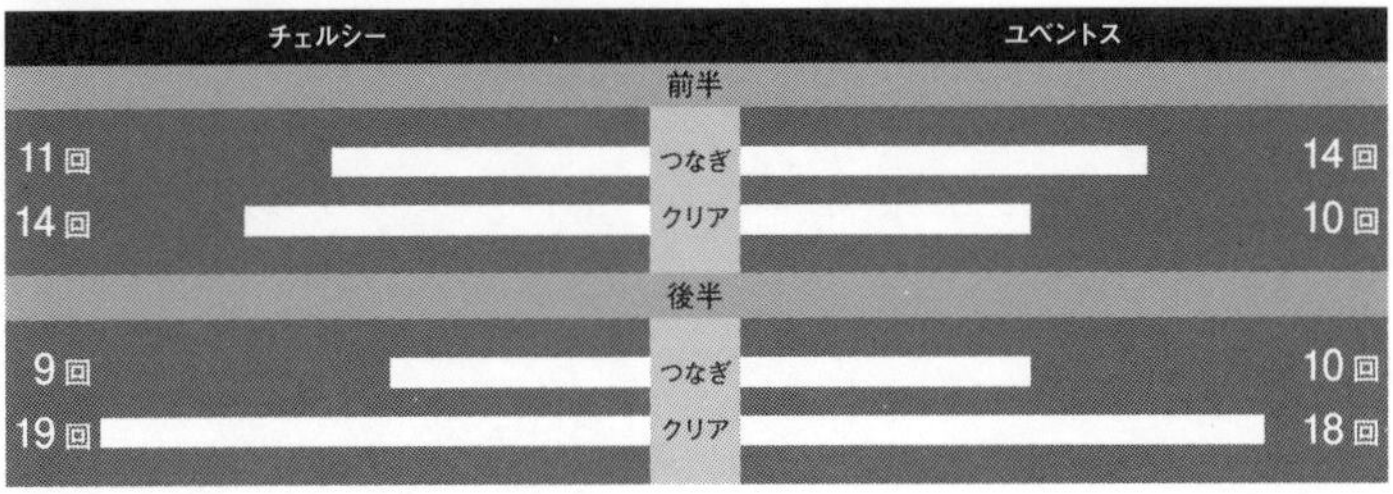

POINT 1

7%チェルシーの【エリア内】の「つなぎ」確率

●「つなぎ」は〝空白地点〟を狙え

安全なエリアでは「つなぎ」、危険なエリアでは「クリア」が多くなるのが一般常識。ところが実際にデータを検証すると、「クリア」を選択するエリアは一定でないことがわかる。つまり、安全なエリアと危険なエリアは固定ではなく、相手とのマッチアップの中で変化するということだ。まずは両チームのエリアごとの「つなぎ」と「クリア」の選択確率を見てほしい。

チェルシー
【エリア内】「つなぎ」7% 「クリア」93%
【エリアサイド】「つなぎ」29% 「クリア」71%
【その他自陣】「つなぎ」55% 「クリア」45%

ユベントス
【エリア内】「つなぎ」29%「クリア」71%
【エリアサイド】「つなぎ」29%「クリア」71%
【その他自陣】「つなぎ」58%「クリア」42%

特筆すべきは、チェルシーの【エリア内】の「つなぎ」確率の低さ。これは対戦相手であるユベントスのＦＷとＭＦが高い位置からプレッシャーをかけてきたため、ボールロストが失点に直結するペナルティエリア内では「クリア」で逃げることを最優先した結果だ。

チェルシー自体の繋ぎの意識が低かったわけでは決してない。その証拠に【その他自陣】では55%の「つなぎ」確率を記録しており、実際にそこから3回もの決定機を得た。敵のプレスが厳しいからといってすべて「クリア」で逃げるのではなく、プレスの〝空白地点〟――前線プレスをかわした後のエリアである【その他自陣】――を狙って繋いでいこうという、ヒディンク監督の意図が読み取れる。ＦＷとＭＦがクリアボールを蹴る機会が多いことも、チェルシーの特徴だ。「クリア」と「つなぎ」の総数は、チェルシー53回、ユベントス52回とほぼ同数だが、ＦＷとＭＦに限定すると24対14とチェルシーが圧倒している。前線の選手が戻って対処することが多い理由は、両チームの守備戦術の違いにあるのだ。

自陣に守備ブロックを作るチェルシーは、ＤＦとＭＦがボール保持者をゾーンの中におびき寄せ、そこで挟み込むのが狙い。つまり、２列目と３列目の間が主な守備スペースとなる。一方のユベントスは、１列目と２列目、つまりＦＷとＭＦによる高い位置からのプレッシャーが守備戦術の軸になっている。３列目のＤＦはそこからの漏れをカバーする存在に過ぎない。チェルシーがリードして後半を迎えたことで、「前に出るユベントス」「受けるチェルシー」という構図はより顕著になったわけだ。

POINT 2

64%

ユベントスの後半の「クリア」確率

時間帯で判断基準は変化する

次に「つなぎ」と「クリア」を前半と後半に分けてカウントし、それぞれの回数とエリアを探ってみたい。

後半、とりわけ終盤の時間帯でチェルシーの「クリア」が増えたのは、リードして安全志向が強まったことに加え、相手の攻勢によって守勢に回る局面が増えた影響だろう。それでも後半だけで9回の「つなぎ」を記録した。安易に「クリア」に逃げてしまうと攻撃を切ることができず、波状攻撃に繋がってしまう。常にリスク管理の意識を持ちながら狙える時は狙う判断を続けたことが、12分に奪ったリードを守り切る要因になったのではないか。

実際、「クリア」には2つの種類が存在する。タッチラインに逃げるものと、前方へ大きく蹴り出すものだ。前者の意図は明確。安全を確保すると同時に試合の流れを切り、味方の守備を整える時間を稼ぐことだ。一方、後者は安全確保はもちろん、あわよくば前線の味方に繋いでマイボールにしたいという希望も含まれている。

後半のユベントスは明確に前方への「クリア」を狙っていた。前半は「つなぎ」の回数が14回で、ホームのチェルシーの11回を上回っていた。だが、後半になると「クリア」が一気に増加。とりわけ、前方へ大きく蹴り出す回数が大幅に増えた。

【エリア内】の「クリア」は前後半で変わらず5回だが、【その他自陣】は前半が4回だったのに対し、後半は9回と倍増。【エリアサイド】も1回から4回に増えている。要するに、ペナルティエリア内まで攻められる決定的なピンチでなくても、ボールを奪ったら前方に大きく蹴り出す傾向が強まっていたのだ。

ユベントスには前線にアマウリという明確なターゲットマンがいたが、前半はあくまでフィニッシュ局面で彼の高さ・強さを生かす狙いだった。しかし後半になると、いち早く彼に当てて効率的に攻撃回数を増やそうという意図が見られた。ただし、そうした前方へのクリアボールが味方に渡ったのは3回のみで、残りの12回は相手ボールになっている。割合に換算すると80％はボールを失っている計算だ。

前半のユベントスは「つなぎ」の意識が強かった。実は12分にそれが仇になり、クリアミスを拾われ先制ゴールを許していたが、それにめげることなく、前半を通して自陣から繋ぐ志向を継続。それが後半に入って一変したのだから、1点のリードを許したハーフタイムにラニエリ監督から具体的な指示があったか、もしくは選手間で話し合いが行われたのだろう。時間帯による「つなぎ」と「クリア」のバランスを見れば、チームの戦略やリスク管理の意識の変化が浮かび上がってくる。

結論

・安全エリアと危険エリアは固定ではなく、相手とのマッチアップの中で変化する
・前方へ大きく蹴り出す「クリア」はマイボール率が高くない
・時間帯による「つなぎ」と「クリア」のバランスは、チームの戦略やリスク管理の意識の変化を表す

3-7
[シュートエリア]
SHOT AREA

シュートを打たないことは日本人の悪癖なのか？

●とにかくシュートを打てばいいのか？

日本人選手はシュートを打たないことが課題と言われる。Ｊリーグを観戦していても、ミドルシュートのチャンスと見られる状況でパスやボールキープを選択した結果、相手にボールを奪われる、あるいはパスの受け手がＤＦに封じ込まれ、フィニッシュできずに攻撃が終わる場面は少なくない。

日本人がゴール前でシュートではなくパスを選択してしまうのは、自分で責任を負いたくない、重要な決断ができない、といった「日本人論」として語られることも多い。そうした意見に異を唱えるのが日本代表ＭＦの遠藤保仁だ。

彼の主張は明確である。「ミドルシュートはほとんど入らない」。自分が守っていても、打ってくれたら、むしろ「ラッキー」と思うという。遠藤の言葉通り、めったに得点にならないのでは、かえってチャンスを潰す要因になりかねないのではないか。データからこの疑問に迫りたい。

まず注目したのがシュートエリアだ。シュートを【エリア内】と【エリア外】に分け、ゴール

【表1】東アジアカップ2013における日本代表のシュートエリア

◆ 日本が流れの中から打ったシュートのエリア分布

◆ エリア別シュート数と枠内率・得点率

全体			
エリア内		エリア外	
総数		総数	
16		8	
枠内	枠内率	枠内	枠内率
10	63%	4	50%
得点	得点率	得点	得点率
7	44%	1	13%

FW			
エリア内		エリア外	
総数		総数	
12		6	
枠内	枠内率	枠内	枠内率
9	75%	3	50%
得点	得点率	得点	得点率
6	50%	1	17%

FW 以外			
エリア内		エリア外	
総数		総数	
4		2	
枠内	枠内率	枠内	枠内率
1	25%	1	50%
得点	得点率	得点	得点率
1	25%	0	0%

◆ 個人別の内訳 (※カッコ内は枠内シュート)

FW	総数	エリア内	エリア外	得点
原口	4(2)	3(2)	1(0)	
柿谷	3(3)	3(3)	0(0)	エリア内3
大迫	3(3)	1(1)	2(2)	エリア内1、エリア外1
豊田	3(2)	2(1)	1(1)	
齋藤	3(1)	1(1)	2(0)	エリア内1
工藤	1(1)	1(1)	0(0)	エリア内1
山田	1(0)	1(0)	0(0)	
TOTAL	18(12)	12(9)	6(3)	エリア内6、エリア外1

FW以外	総数	エリア内	エリア外	得点
栗原	1(1)	1(1)	0(0)	エリア内1
高萩	1(1)	0(0)	1(1)	
山口	1(0)	0(0)	1(0)	
森脇	1(0)	1(0)	0(0)	
徳永	1(0)	1(0)	0(0)	
高橋	1(0)	1(0)	0(0)	
TOTAL	6(2)	4(1)	2(1)	エリア内1

【表2】東アジアカップ2013 日本代表の3試合

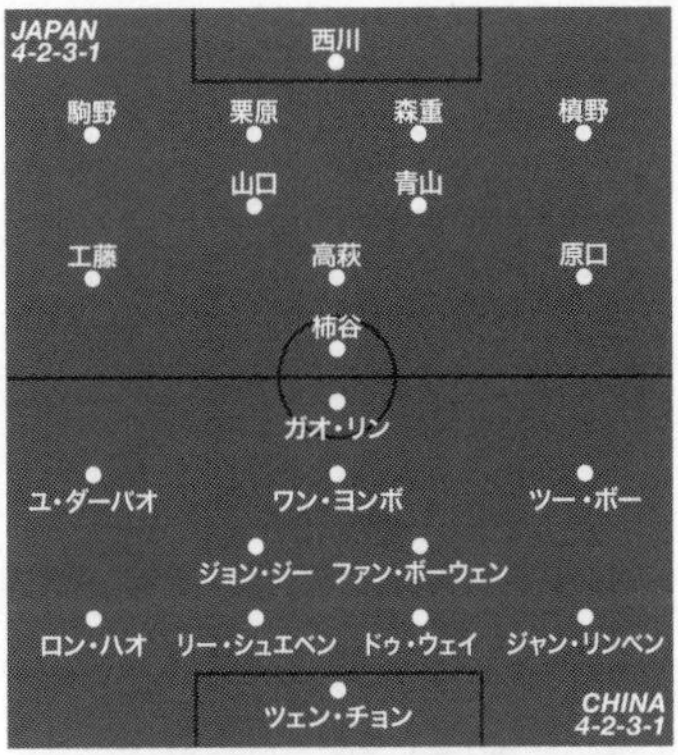

EAFF EAST ASIAN CUP 2013
2013.7.20-28 / Korea

日付	対戦相手	時間	得点者
2013.7.21	中国 (N) △ 3-3	32'	栗原
		59'	柿谷
		60'	工藤
2013.7.25	オーストラリア (N) ○ 3-2	25'	齋藤
		55'	大迫
		79'	大迫
2013.7.28	韓国 (N) ○ 1-2	25'	柿谷
		90'	柿谷

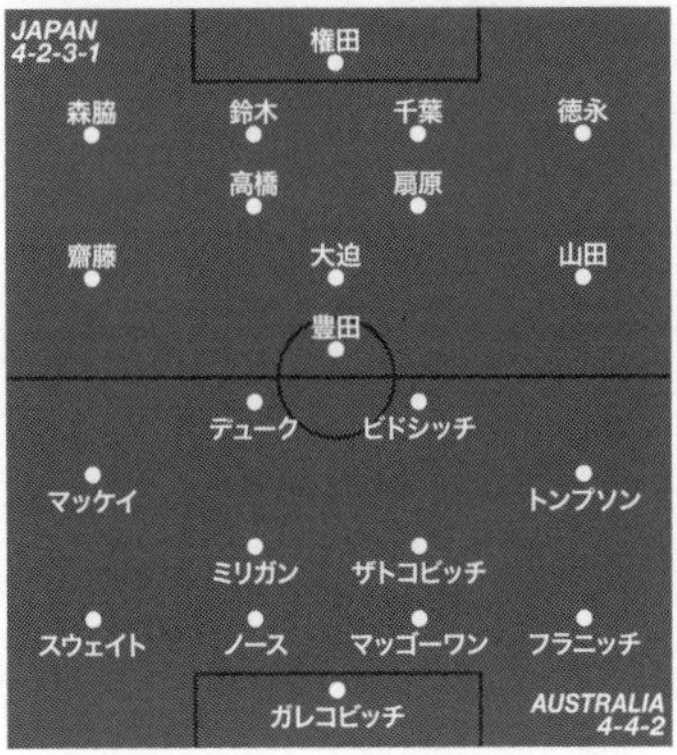

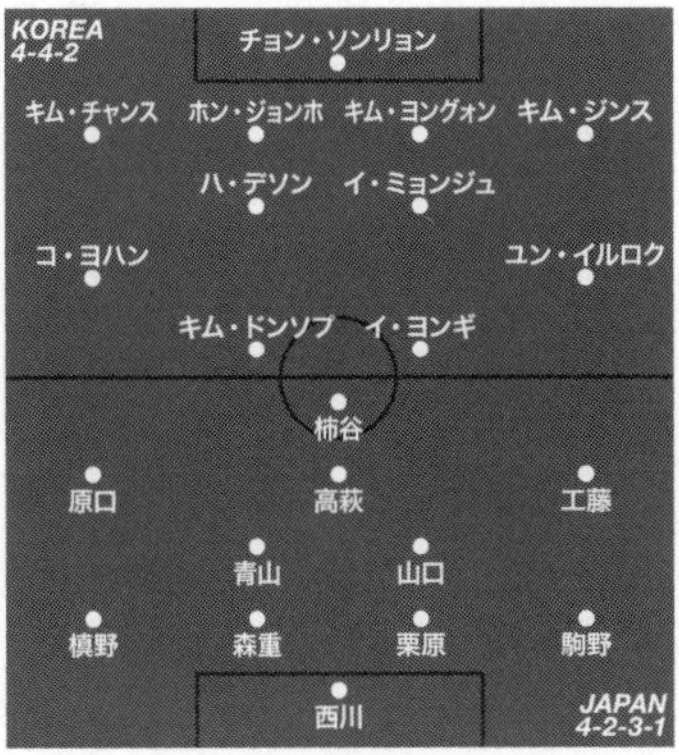

に繋がった確率を割り出せば、ペナルティエリア内で打ったシュートとミドルシュート、それぞれの有効性が明確になるはずだ。

今回サンプルとしてピックアップしたのは、2013年7月に開催された東アジアカップ。Jリーグの選手のみで構成されたフレッシュな日本代表は中国、オーストラリア、韓国と戦い2勝1分で見事に優勝を飾った。「国内組」中心の代表チームは、果たして本当にシュートを打たなかったのか？

POINT 1

50% FWの【エリア内】シュートの得点率

● FWにエリア内で狙わせるのが王道

東アジアカップの3試合で日本が流れの中から記録したシュートは24本で、そのうち16本は

【エリア内】、残る8本は【エリア外】だった。全体としては前者が67%を占める。枠内率を比較すると、【エリア内】は63%、【エリア外】はちょうど50%。得点率は【エリア内】が44%（7得点）、【エリア外】は大迫がオーストラリア戦で挙げた1得点のみの13%だった。

これらのデータから読み取れる事実は次の3点。

①日本は【エリア内】シュートを重視する傾向がある
②枠内率は【エリア内】が6割強、【エリア外】が5割
③【エリア外】の得点率は【エリア内】に比べて著しく下がる

【エリア外】の枠内率は思いのほか悪くなかったが、得点率に関しては明らかに【エリア内】に分がある。ミドルシュートは仮に枠を捉えても、距離が長いためシュートが飛んでくる間にＧＫがしっかり対応できる。ＤＦのシュートブロックでコースが限定されているケースも多いため、得点の難度はより高くなる。

次に注目したのがポジションごとの枠内率、得点率の違い。というのも、データを取る過程でシュートを打った選手の名前もチェックしていたのだが、ＦＷの枠内率、得点率の数値の高さが

気になったからだ。

ＦＷ登録の選手は流れの中から18本のシュートを記録し、枠内率は67％、得点率は39％。【エリア内】に限定すると、枠内率は75％、得点率は50％とさらに高くなる。ちなみに、ＦＷ以外のポジションの枠内率は33％、得点率は17％だった。ゴールを決める専門職だけあって、他のポジションと比べて明らかにシュート精度が高い。

驚きだったのは、ＦＷ以外の【エリア内】シュート4本中で枠内は1本、すなわち25％しか枠を捉えなかったことだ（唯一の枠内シュートは、セットプレーのセカンドボールからＤＦの栗原が頭で押し込んだゴール）。

世界的に見ればイングランド代表のランパードのように、ストライカー顔負けの決定力を誇るＭＦもいるが、「ＦＷにエリア内でシュートを狙わせる」ことが効率良く得点を挙げるための大前提、すなわちゴールを決める王道と言っていいだろう。

POINT 2
1本 日本戦における韓国の【エリア外】シュート

【エリア外】で打つべき時は？

【エリア内】の方が【エリア外】よりも枠内率、得点率ともに高いことは間違いないが、ペナルティエリアの内側までボールを運ぶのは容易ではない。なぜならば、相手のディフェンスもそこに侵入させないように守備をしてくるからだ。

ミドルシュートを打てるエリアまでボールを運んだ時、攻める側は決断を迫られる。そこから打つか、さらにエリア内まで侵入を目指すか——。

後者の選択は決定的なチャンスに繋がるかもしれないが、フィニッシュに至らないまま攻撃が終わる危険性もある。シュートまで行かなければ、ゴールの確率はゼロだ。一方、【エリア外】から打つことを選択すれば得点率は低いものの、確率はゼロではない。実際、日本が放った8本のミドルシュートのうち4本が枠内を捉え、1得点が入っているのだから。

【エリア内】にこだわり過ぎることが、悪い流れを生むこともある。その象徴的な事例が日本戦の韓国だろう。オーストラリアとの初戦では21本のシュートを記録しながら、結局1ゴールもできずにスコアレスドロー。大半のメンバーを入れ替えた中国戦も再び0－0となり、2試合連続で無得点に終わった。記者会見では冷静な態度を示したホン・ミョンボ監督も、ノーゴールが続く攻撃陣に相当な問題意識を抱えていたに違いない。3戦目の日本戦では明らかに攻撃方法が変わっていた。

初戦のオーストラリア戦と同じメンバーで日本と対戦した韓国は開始から積極的に攻め込んだものの、遠めからミドルシュートを狙うより、エリア内まで侵入することにこだわりを見せた。しかし、それが裏目に出たようだ。日本の決定機は柿谷の2ゴールのみだったが、圧倒的にボールを支配したはずの韓国のシュートも流れの中からは8本止まりで、【エリア外】に至ってはわずか1本。それがユン・イルロクによる大会唯一のゴールとなったのは皮肉だが、少しでも良い状態で狙おうとするチームの意識がシュート数の少なさに繋がったのではないか。

【エリア外】からのシュートは枠内率、得点率が低いとはいえ、まったく打たないのも問題ということだ。では、どういう局面で打てばいいのか。ミドルシュートが得点になるシチュエーションについて考えてみたい。

日本絡みの3試合でミドルシュートから記録された3ゴール（相手チームも含む）の内容を見ると、カウンターから大迫が決めたシュートに代表されるように、すべてがディフェンスを崩した状態で打っている。つまり、センターバックを中心に形成されるゴール前の守備ブロックにズレが生じた状況だ。そうなると、GKはセービングの範囲を限定できず、やや遠めからでもシュートは決まりやすくなる。

このレベルの選手たちにとって重要なのは、距離よりもむしろシュートコースが開いているかどうか。当然、【エリア外】からのシュートで狙える場面は多くないが、カウンター時やセンターバックの片方が釣り出された局面など、守備ブロックが崩れた場合は積極的に狙っていくべきだろう。時間をかけると、その綻びは修正されてしまうからだ。

ミドルシュートのメリットは遠めから得点を狙えることだけではない。シュートで終わると、敵のカウンターを避けられるというメリットがある。得点の可能性は低くてもミドルシュートを打つことで、相手に逆襲のチャンスを与えない。加えて、遠めからでもゴールを狙うことで、相手のディフェンスをおびき寄せ、裏のスペースを広げる効果も期待できる。

【エリア外】からばかり狙っても高い得点率は期待できないが、かといって【エリア内】にばかりこだわればシュート本数が減り、結果として得点の可能性は低くなる。試合展開にもよるが、要は状況に応じた【エリア内】と【エリア外】の使い分けが重要ということだ。

結論

・FWの【エリア内】シュートが得点への王道
・とはいえ、【エリア内】にこだわり過ぎるとシュート数が減り、結果的にゴールが遠くなる
・シュートコースが開いた時は、【エリア外】からも積極的に狙うべき

あとがき

本書『サッカーの見方が180度変わる データ進化論』は海外サッカー専門誌フットボリスタで08年から連載してきた「CLデータの深層」の記事をもとに、大幅な加筆・修正と書き下ろしの新テーマを追加したものだ。

フットボリスタの創刊からちょうど1年が経った頃、チーフデザイナーの長豪氏と編集部の浅野賀一氏から、新しい連載企画を立ち上げたいという相談を受け、色々なアイディアをめぐらせた結果、データの新しい見方を提唱するスタイル、特に公式データが充実しているUEFAチャンピオンズリーグを題材にしようということになった。

正直なところを言うと、データ分析よりも実際に自分が目にした情報でチーム戦術や選手のプレーを読み解く方が好きだ。しかし、既存のサッカーデータ記事で試合をしっかりイメージさせてくれるものが見当たらなかったこともあり、それならばデータ好きではない自分があえてデータを切り口にすることで、試合分析とデータを融合させた新しいスタイルを打ち出せるのではないかと考えたのだ。

ただ、最初の数回は試合内容の分析が先に立ってしまい、担当者からも「これじゃあ、ただの戦術分析でデータ企画になりません」などと突っ込まれた。自分の中で試合のイメージとデータが初めてうまく噛み合ったのは連載第11回の「スローイン」で、ちょうど表紙のイラストにもなっている思い入れの深いテーマだ。担当者も「これは面白い」と言ってくれ、一発ＯＫをいただいたのを覚えている。本書では「ＣＬデータの深層」で取り上げたテーマも、大幅に加筆・修正しているが、この「スローイン」は文体を書籍に合わせただけで、内容はほぼそのまま掲載しているので、ぜひ一読してみてほしい。

書籍化のお話をいただいた当初、筆者にとってデータ記事の集大成にしようと思っていた。でも本書を書き上げた現在、ここで挙げたデータの手法を活用した試合の記事を継続的に出していかなければ、新しいサッカーの見方を広く伝えていくことにはならないと感じている。今回の結果次第になるかもしれないけれど、いつか本書の続編を出したいと思う。

本書の編集を担当してくれた浅野賀一氏には「ＣＬデータの深層」の編集から本当にお世話になった。内容に納得がいくまで追求する彼がいなければ、試合分析とデータの融合というハードルの高いコンセプトは企画倒れに終わっていただろう。最終段階で忙しい時間を割き、ブラッシュアップを手伝ってくれたフットボリスタ編集部の梅田直子さんにもお礼を言いたい。

こうした機会を用意してくれた株式会社ソル・メディアとフットボリスタ編集部に感謝する一方で、半年におよぶ執筆期間、日ごろからお世話になっているその他のサッカー専門誌の編集部に多大なご迷惑をかけたことをお詫びしたい。

本書の内容がそれらに報いるクオリティになったかどうか、自分で判断しにくいところはあるが、読者のみなさんとともに、同業者の方にも是非とも読んで感想をいただけたら大変うれしい。

河治良幸

河治良幸　Yoshiyuki Kawaji

1973年8月13日生まれ、東京都出身。青山学院大学大学院・博士課程を卒業。セガのアーケードゲーム『WCCF』の開発に2001年から協力し、プロフィールを手がけた選手カードは4500枚を超える。サッカー専門新聞『エル・ゴラッソ』の創刊活動に携わり、2009年からは日本代表を担当。ザッケローニのチームはアウェイの北朝鮮戦を除くすべての試合を現場取材している。“Respect the pitch”をモットーに、チーム戦術や選手のプレー分析を得意としており、その対象は海外サッカーから日本の育成年代まで幅広い。海外サッカー専門誌『フットボリスタ』には2006年の創刊号から、主に分析視点の記事を寄稿。2008年から「CLデータの深層」を連載し、本書の執筆にいたる。著書に『勝負のスイッチ』(白夜書房)など。Twitterアカウントは「@y_kawaji」。

サッカーの見方が180度変わる

データ進化論

2013年11月25日　第1刷発行

著　者　河治良幸

発行者　利重孝夫

発行所　株式会社 ソル・メディア
〒150-0012　東京都渋谷区広尾5-19-9　広尾ONビル
電話　03-5447-0782（販売）
03-5420-5566（カスタマーセンター）

装丁　渡邊大輔

イラストレーション　寺澤敦史

印刷・製本　中央精版印刷株式会社

ISBN978-4-905349-13-6